エネルギー産業の2050年
Utility3.0
へのゲームチェンジ

竹内純子 編著　　伊藤剛、岡本浩、戸田直樹 著

日本経済新聞出版

はじめに

　エネルギーはライフライン、すなわち生命線と言われます。しかし日本ではオイルショック以降、エネルギーの確保が話題となることはほとんどなく、あって当たり前だと思われています。東日本大震災の際の計画停電も一部の方の経験で終わり、もはやすっかり過去のこととなりつつあります。

　しかし、当然のことながらこの生活は「当たり前」ではありません。日本は石炭、石油、天然ガスといった化石燃料資源にとことん恵まれない国です。このような国でエネルギーを潤沢に使えるのは、これまでの数十年にわたる先人の努力と投資の成果であり、私たちは過去のエネルギー政策の果実を今、味わっていると言えるのです。

　では、この先数十年後にこの国に生きる後の世代に、私たちはどのような未来を遺せるのでしょうか。より良い未来を遺すために私たちはどのような選択を積み重ねていけばよいのでしょうか。エネルギーインフラを構築するのにかかる時間を考えれば、2050年はそう遠い将来ではありません。今から議論を始める必要があります。

　本書はまず、2050年のある一家が迎えた朝を描きました。前半に登場する家族は、今後の「エネルギーの選択」がうまくいったおかげで近未来ムービーにでも出てきそうな便利で豊かな生活を送っています。しかし後半の家族は「エネルギーの選択」が失敗に終わった、あるいは、過去の延長で何とかなると私たちが判断を先送りし続けた結果、惨憺たる状況に置かれています。なお、それに続く"理解しておくべきポイント"は本書の要約です。

　そうした未来シナリオを踏まえて、第2章ではこれからの日本の社会を動かす変革ドライバーを「5つのD」と整理しました。「5つのD」はすでに日本のみならず、多くの諸外国で今後の社会のあり方を規定する潮流となりつつあります。現在のエネルギーインフラが構築された戦後から高度成長期にかけては、経済成長、人口増大という1つの潮流の中で社会のあり方を考えればよかったのでしょうが、今後は複雑に影響し合う5つの潮流の強さ、速さ、バランスを

見ながら社会のあり方を考えていかねばなりません。

　続いて、第3章ではそれぞれの変革ドライバーが電力というエネルギーに関して与える影響をできうる限り具体化しています。将来を描いていく作業はどうしても多くの「たられば」を含みますが、現実性のない夢物語でなく、より良い選択に向けた議論に貢献できるよう、さまざまな思考実験も含めてできるだけ具体的に論じるようにしました。思考実験という表現の通り、議論のたたき台として、多くの批判やご指摘をいただきたいと思っています。

　エネルギーの未来について語ろうとすると、1つの要素技術を取り上げて「これができれば問題解決」といったような議論をよく聞きます。しかし、例えば劇的に効率の良い太陽光パネルができたとしてもそれだけでは大きな意味はなく、電気の系統全体をコントロールする技術などトータルで進歩する必要があります。しかもそれが安価でなければ、国民生活や経済活動を支えるエネルギー供給の手段にはなり得ません。そうした技術に安定的な投資が行われる制度措置が必要です。本書では、電気及びエネルギー全体を見渡し、他の業種との融合も含めた新たな技術の可能性についても十分触れていますが、経済学的見地からエネルギーインフラへの投資が適切に行われるための制度設計についても検討しました。

　電気、ガス、水道、運輸などの公益事業の担い手をUtility（ユーティリティ）と呼びますが、総括原価、地域独占といった制度的裏付けを得て経済成長を支えてきたUtility1.0の時代、電力システム改革により効率性を求められるようになったUtility2.0の時代はまだ、電気というエネルギーを担う「電力会社」に留まっていたのだろうと思います。しかし今後は、社会インフラを総合的に担うUtility3.0へと生まれ変わることが期待されています。

　分岐点に立つ今、「とりあえず現状維持」も「未来は未来が解決する」も等しく無責任です。選択肢は私たちの前にあります。より良いエネルギーの未来のために、本書が少しでも貢献できれば筆者一同望外の喜びです。

竹内純子

目次

はじめに……………………………………………………………………… 1

第1章　電力の未来を読み解く

1　選択できる未来──2つのストーリー …………………… 8

X家の幸福な朝………………………………………………………… 8

Y家の残念な朝………………………………………………………… 11

2　エネルギー産業の2050年──理解しておくべきポイント ……… 14

電気事業のあり方に影響を与える"5つのD" ……………………… 14

どんなゲームチェンジが進むのか …………………………………… 21

第2章　世の中のあり方が変わった

1　Depopulation ──人口減少………………………………30

増田レポートの衝撃 …………………………………………………… 30

人口減少とエネルギー事業 …………………………………………… 30

進む過疎化とインフラの持続性 ……………………………………… 32

2　Decarbonization ──脱炭素化……………………… 34

気候変動問題とエネルギー …………………………………………… 34

CO_2 ゼロ・エミッションへの道筋 ………………………………… 36

2050年に80％の CO_2 削減は可能か？ …………………………… 38

消滅する既存のエネルギー事業体 …………………………………… 39

3　Decentralization ──分散化…………………………42

分散化とは？ …………………………………………………………… 42

「限界費用ゼロ」社会と潤沢なエネルギー ………………………… 43

分散型電源普及のためのさまざまな政策支援 ……………………… 45

競争力を持ち始めた太陽光発電 ……………………………………… 46

日本の太陽光発電は高い ……………………………………………… 48

分散型エネルギーの指数関数的普及は期待できる …………………… 50

4 Deregulation ──自由化 ……………………… 52

公益事業における規制改革と電力システム改革 ………………… 52

電力システム改革の成果 ………………………………………… 53

重要な論点「発電設備のアデカシー確保」とは ………………… 54

日本における電力システム改革 ………………………………… 56

震災前の日本の電力システム改革は"いい加減"だった？ …… 57

「善意中心の発電アデカシー」からの脱却の展望は？ ………… 58

電力市場のリパワリングを ……………………………………… 60

5 Digitalization ──デジタル化 ……………… 61

ビジネスは手段の提供から、成果そのものの提供へ ………… 61

タイヤメーカーがタイヤを売らない!? …………………………… 63

モノに魅力を感じない消費者 …………………………………… 65

パフォーマンスや顧客体験を軸に市場が再定義される ……… 68

第3章　ゲームチェンジ

1 エネルギー小売業界の変革 ……………………………… 74

エネルギー小売の消滅と再生が始まる ………………………… 74

先祖がえりする電力契約 ………………………………………… 75

顧客体験サービスに溶け込むエネルギー小売業 ……………… 77

ＡＩに仕事を奪われる小売電気事業 …………………………… 78

電力のローミングサービス ……………………………………… 81

マシーン同士が安い電気の使い方を話し合う ………………… 82

家計から「電気代」が消える日 ………………………………… 83

2 「限界費用ゼロ」時代の発電ビジネス ……………… 85

電力市場（kWh市場）における限界費用価格形成 ………… 85

顕在化するミッシングマネー問題 ……………………………… 87

過少になる大規模電源への投資 ……………………………………… 88

分散化が価格破壊を起こす ………………………………………………… 90

発電所が提供している価値は 3 つある …………………………… 92

「電力市場のリパワリング」を超えて ……………………………… 96

電気自動車がエネルギー市場に参戦 …………………………… 98

発電・燃料ビジネスはどうなるか ………………………………… 102

電力システムと運輸システムの融合 …………………………… 105

3 原子力に未来はあるか？ ……………………………………… 108

原子力発電のメリット・デメリット ……………………………… 108

原子力技術の変遷と展望──小型炉開発を進める米国 …… 109

立ちすくむ今日の原子力 …………………………………………… 113

自由化と食い合わせの悪い原子力事業の特殊性 …………… 114

原子力の特殊な事業リスク①事故の対応 ……………………… 116

原子力の特殊な事業リスク②核燃料サイクル及び最終処分事業 …… 117

自由化された諸国における原子力事業環境整備政策 ……… 119

4 ネットワークと Utility3.0 ……………………………………… 127

リパワリングした電力市場のイメージ ………………………… 127

託送料金はどうあるべきか ………………………………………… 129

人口減少の下での設備形成 ………………………………………… 135

過疎化はインフラ共通の問題 ……………………………………… 138

ユニバーサルサービスを疑うことから ………………………… 141

あとがき ……………………………………………………………………… 143

謝辞 …………………………………………………………………………… 147

注 ……………………………………………………………………………… 148

参考文献 ……………………………………………………………………… 154

第 **1** 章

電力の未来を読み解く

1 選択できる未来
——2つのストーリー

　私たちの選択によって、未来は大きく変わります。1つのシミュレーションとして、2050年のある朝を迎えた、2つの家庭を覗いてみましょう。

X家の幸福な朝

2050年●月×日——。

　朝、コーヒーのいい香りが漂ってくるリビングルームに降りていくと、妻も寝ぼけ顔で起きてきた。

　朝ごはん程度の簡単な調理であれば、何の指示もしなくても家族4人が起きる時間に合わせて出来上がるようになっている。育ち盛りの息子には今日はハムエッグとご飯とお味噌汁、僕には全粒粉のトースト1枚か。寂しいが仕方ない。昨日「腹回りが少しきつくなった」とつぶやいたのを、我が家の自動調理器が聞き逃すはずがないのだ。家族の嗜好や健康状態に合わせて、的確に「食べたいもの」「食べるべきもの」が用意されるのだから不満などあるはずがない。昔の子育ては、嫌いなものも食べるようしつけるのが一苦労だったそうだが、今は自動調理器が同じ栄養素を他の食材で補えるように献立を考えたり調理法を工夫したりしてくれるので、我が家の子供たちだけでなく、好き嫌いなんて言葉自体ほとんど聞かなくなった。

　こう考えると、僕が子供の頃と比べて、家庭の中の風景はがらりと変わった。正確に言えば、見た目は変わらないが仕組みがまるで変わったのだ。例えばこのコーヒーメーカーは、実は「買った」ものではない。パンを焼いたオーブントースターもレンジも、冷蔵庫も、洗濯機も「買った」ものではない。家電製品は、「まるごと家事サービス」の事業者から提供されたものなのだ。

　各家電はインターネットにつながり、それぞれに期待されるサービスを提供してくれる。冷蔵庫は、単に食材を冷たく保存する機器ではなく、まるごと家事サービスの会社が無償で提供するショーケースになった。僕たちはそこに食

材がきちんと届けられるというサービスに対価を支払っている。冷蔵庫は僕たち家族の嗜好やスケジュール、健康状態から判断して、そこにあるべき食材を自動的に発注してくれる。食材や飲み物を慌てて買いに走るなんてことはもちろんないし、週末に来客があると言っておけばそれなりの用意がされている。

洗濯機も同じだ。洗濯機を買い、洗剤を買い、柔軟剤も買わなきゃならなかったとは、昔の家事はなんて大変だったんだろう。今は「まるごと家事サービス」の事業者から貸し出された洗濯機を置いておけば、それらはすべて自動的に補充される。通常は洗濯物がたまったところで洗濯機が自分で動き出すが、息子が「明日の朝までに野球のユニフォームを洗っておいて」と言えば、もちろん朝までに乾いてきれいにたたまれている。

その昔「働き方改革」なんてものが侃々諤々議論されていたらしいが、家事というものがほとんどなくなって、女性が外で働くことの支障はほとんどなくなったため、そんな議論はどこかに消えてしまった。

家電製品を動かすための電気代は、当然そのサービスに含まれるようになっている。「モノからコトへ」をキーワードに、ビジネスはまったく新しい形に作り替えられたのだ。考えてみれば当たり前ではないか。消費者が求めているのは、家電製品や電気そのものではない。必要としているコト（体験）、あるいは成果だ。

それこそ、かつて「電気料金」なるものがあり、各家庭が「電気代」を毎月払っていた、なんて話をしても、息子や娘にはまったく通じないだろう。ましてや「電気代の節約」などという言葉は意味がわからないに違いない。

しかし私たち家族の意識とは別に、実際には電気は「節約」されている。家電群が自動的に必要な電気をコントロールするのだ。例えば、皆が電気を使いたい時間帯には、今必要でない家電製品は待機している。食洗機や洗濯機が動くのは、たいてい家族が寝静まった真夜中だ。

わざわざタイマー予約などする必要はない。どうしてもこの時間にしたいというコト以外は、それぞれの機器が自動的に最もエネルギー効率の高い方法を選んでくれる。推奨される時間帯に「今やりましょうか？」とお伺いを立ててくれる家電もある。

こうした「節約」だけではない。そもそも我が家は発電所であり蓄電所でもある。屋根を太陽光パネルに貸すだけでなく、駐車場を電気自動車に開放しているのだ。電気自動車は地域の公共財になっていて、僕の頭上にある太陽光パネルが発電する電気が「余りそうだ」という指令が出ればそれを充電しにやってきて、地域のどこかの家庭から「電気が足りない」という指令が来ると自動でそこに行って放電してくる。

自動運転が当たり前になり、自動車は指示を受ければ、求められる場所に勝手に移動するようになったのだ。買い物やレジャーで車としての使い方をするのであれば、必要になる3分前にアプリで呼べば、この地域に数百台ある電気自動車のうち1台が我が家の駐車場で待っていてくれる。このように発電・蓄電事業にスペースを提供しているので、我が家の妻と子供たちは潤沢なお小遣いを手にしている。もちろん僕も。

かつて電気は貯められないもの、と言われた。でも今は日本で数千万台という電気自動車が蓄電の役割を担い、電力供給は一気に安定化した。日本中の電気自動車はネットワークされ、今や単なる移動手段ではなく電力を支える役割を担い、ユーザーに収益をもたらすようになった。

昔は、地方の公共交通機関がコスト高で維持できなくなり、その地域に住む高齢者の移動手段をどうするかが大きな課題だったらしいが、自動運転技術の普及によって電気自動車が「公共交通手段」となったため、そんな課題があったことすら忘れられている。

お、ガレージから音がする。今日の外出のために呼んだ電気自動車が早速到着したな。自動運転になって、移動の時間は、家族みんなで遊べる時間になった。今日は4人でトランプでもしながら行くか。子供たちに麻雀でも教えてみるか。こういう遊びだけは昔と変わらないな。

＊　＊　＊

このように30数年後、私たち日本人は、モノのインターネット（IoT=Internet of Things）、ロボット、人工知能（AI）などさまざまな先端テクノロジーを用いて、今からは想像もできないほどに、便利で豊かな暮らしをしているのかもしれません。

しかし、もし私たちが今すべきことの選択を誤ったり、問題を先送りしたり

すると、こうした未来とは程遠い未来を、次の世代に与えてしまうことになりかねません。対応を誤った場合のシミュレーションストーリーも、お伝えしておきましょう。

Y家の残念な朝

2050年●月×日─。

　目を覚ましてリビングルームに降りていくと、妻がひとり、パジャマ姿でリビングのテーブルで浮かない顔をしていた。

「はぁ……。電気代がまた値上がりしたのよ。家計簿をつけるのが本当に嫌になるわ。しかも、昨日もマンションのエレベーターが停電で止まったのよ。30分も閉じ込められて」

「そんなのいつものことじゃないか」という言葉を飲み込み、「それは大変だったね」と言うが、僕だって昨日会社のエレベーターが止まり、17階まで階段で行く羽目になった。僕たちが若かった頃、停電なんて滅多になかった。電気料金は安くはなかったが、僕たちの親の世代に比べればずっとマシだったのだろう。1980年代から20年以上値上げはされなかったというから、今とは大違いだ。

　ターニングポイントはどこだったんだろう。東日本大震災と福島第一原子力発電所の事故だったのか、それに続く電力自由化だったのか、国際的な温暖化対策の高まりだったのか─。

　日本は2011年の東日本大震災以降、原子力発電所が停止し、再生可能エネルギー（再エネ）の導入を急いだ。そのための国民負担は制度導入から5年で12倍と急増し、確かに太陽光や風力が増えたと感じるようにはなった。それでも稼働率が低く、発電電力量の5％を賄う程度だと聞いて、それ以来、人々は再エネには期待しなくなった。かといって、原子力発電所を再稼働させることもできず、結果的に化石燃料を使った火力発電のシェアが高まってしまった。

　しかし世界は地球温暖化という危機への対処を求めた。日本政府も、2050年までにCO_2（二酸化炭素）排出量を80％削減することを目標にしたにもかかわらず、電気料金の上昇や安定供給への懸念から、エネルギーシフトを強力

に推し進めることはなかった。

　自給率の低さにも目をつぶり続けた。2017年の日本のエネルギー自給率はわずか6％だったそうだが、今でも10％を少し上回る程度だ。大部分を輸入に頼るなかで、中東情勢の不安から、化石燃料の価格が大きく上昇し、発電コストを直撃した。

　そう。僕たちの選択はすべてが中途半端だった。再エネ導入支援のための国民負担と火力発電のための燃料費、そして、莫大な安全対策コストを投資したのに、国民の反対であまり稼働しないまま廃炉の時期を迎えた原子力発電のコストが、各家庭の電気代に重くのしかかってきた。

　電力コストを最大限抑制する目的で行われた電力自由化も、思っているような方向には進まなかった。自由なイメージの強い米国でさえ、電力自由化が行われていたのは、実は州の数で半分以下だった、なんていうのは後から聞いた話だ。電力供給が不安定になるリスクがあることや、自由化すれば価格競争が起こって、電気料金が安くなるという三段論法で語れるほど電気事業は単純ではないと、自分たちが気づくべきだった。でも、時すでに遅しだ。

　エネルギー自給率の向上、電力コストの節減、そして温暖化対策。いずれも、革新的な技術開発が必要だったけれど、収益力を落とした電力会社はもちろん、電気料金の高騰に苦しんだ日本の産業界全体が研究開発に体力を割く余裕がなかった。

　かつて日本を支えた自動車産業は勢いを失い、残念ながら僕も職を失ったひとり。いまこの国を走っている車のほとんどは中国やインドで作られた電気自動車だ。最初見た時にはおもちゃかと思ったほど単純なつくりだが、機能としてはそれで十分だった。自動運転技術の開発も以前は進められたと聞くが、事故が起きた時の責任の所在を巡る論争や岩盤と言われる規制を崩すことはできず、日本で普及することはなかった。

　僕の父は慣れ親しんだ土地に住み続けたいと言ったけれど、公共交通機関もなく、買い物にも病院に行くにも移動手段がない。運転して事故でも起こされたら大変だし、都会に出てきてもらうしかなかった。

　日本全体で人口減少、特に労働人口が激減し、電力需要も大幅に減り続けている。特に地方でそれは進んだ。聞きなれた名前の地方自治体がどんどん消え

ていった。それでも以前と同様、どんなところにも一律の電気代で電気を送ろうとしたのも大きな間違いだっただろう。

　裕福な家庭はいち早く自分たちの家に太陽光パネルを取り付けて自衛できたが、その投資ができない一般家庭は、電気代の上昇をもろにかぶった。でも都市部はまだいいさ。地方都市では、停電したまま3日も復旧しない、ということが起きている。停電になれば、水も出ない、電話も使えない、電気自動車も充電できない。こんな未来に誰がしたんだい？

　お、子供たちが起きてきた。やれやれ、電気代値上がりの分、来月からお小遣いを下げるお願いをしないといけないな……。

＊　＊　＊

　明るい未来と、残念な未来。その選択は、私たち世代の判断に委ねられています。明るい未来を遺すために私たちは何をすべきなのか。何を知っておくべきなのか。どんな意識を持っておく必要があるのか。

　これからご紹介していきたいと思います。

第1章　電力の未来を読み解く

2 エネルギー産業の2050年
──理解しておくべきポイント

電気事業のあり方に影響を与える"5つのD"

　電気事業のあり方に影響を与えると考えられるトレンドを、本書では"5つの
D"として整理しています。

■ Depopulation（人口減少）

　日本社会は今後、これまでに世界が経験したことのない縮小に向かいます。
2040年には全国1800市区町村の半分の存続が難しくなる、全国6割の地域で
2050年には人口が半分以下になるといった予測が相次いでいます。「日本の将
来推計人口」（2017年推計）では、人口減少の速度や高齢化の進行度合いが前
回推計よりも緩和されたものの、2065年には日本の人口は8808万人にまで減
少し、老年人口割合は38.4％にまで上昇するという見通しです。

　人口が減少した地域では、行政サービスやインフラをこれまでのレベルで維
持することは不可能になるでしょう。そうなれば、その地域が人をつなぎ留め
ておく力は弱まり、若者層のさらなる流出につながります。海外から人材が集
まる国として魅力を高めていく取り組みも必要でしょうが、人口減少を前提と
したインフラのあり方について早急に検討を始める必要があります。

　エネルギーや交通などの社会インフラは整備に莫大なコストを必要としますが、人口が増加し、経済が成長する局面では、現世代と将来世代がコストを分
かち合うことが正当化されました。しかし、将来コストを負担する人数が減少
することは確実であり、今のインフラ水準を漫然と維持するだけでも、将来世
代がその負担に耐え切れなくなる恐れがあります。生産性を上げ、設備をスリ
ム化していかねばなりません。

　電力インフラについても、需要が減少すれば規模の経済性が働かなくなり、
電気料金は上昇傾向になると予想されます。今後人口減少は、特に地方の過疎

14

地において急速に進みます。これまでは過疎地であっても送配電網を整備し、都会と同じ料金で電気を送り届けていました。都市部で需要が伸びているうちは、過疎化が進んでも負担をならしてやりくりできましたが、全国的に需要が減少していくと、過疎地のネットワークを支えることができなくなるでしょう。

　規模の経済性が働かなくなることによって、電気事業の担い手にも大きな変化が起きるでしょう。電気事業、ガス事業などと細分化されていた日本のエネルギー事業は、縮小するパイの取り合いをしていては生き残れなくなります。後に述べる自由化の影響もあり、これから大きな再編統合の波が起きていくでしょう。

■ Decarbonization（脱炭素化）

　日本が特異に抱える課題である「人口減少（Depopulation）」の次は、世界的な潮流である「脱炭素化（Decarbonization）」です。

　気候変動問題に関する最新の科学的知見の評価を集めたレポートが2013年から14年にかけて発表されました。そのレポートによれば、地球の平均気温は産業革命前と比べてすでに0.85℃上昇してしまっており、気温だけでなく海水温、海水面水位、雪氷減少など、さまざまな観測データが状況の深刻さを示しています。

　人口が増加し経済が発展すれば、基本的にはCO_2排出量は増加します。今後、特に新興国や途上国において人口増加、経済発展が続き、世界の人口は現在の約73億人から2050年には97億人に増えると予測されています。また、世界経済の規模は2014年から2050年までに年平均3％強のペースで成長し、2050年には現在の3倍近くになるという経済予測もあります。そのような中で温室効果ガスを削減するのは容易ではありません。しかも現実社会の抱える課題は気候変動だけではなく、貧困撲滅、国民生活の安定など、多様な要請に応えていかねばなりません。経済成長とCO_2排出削減の両立が必要であり、そのためには技術・社会の大変革が求められます。

　温暖化を食い止めようと、国連の下で2015年に採択された「パリ協定」では、「産業革命前からの温度上昇を2度未満に抑える」「今世紀後半にカーボンニュートラルを達成する」という目標が掲げられました。カーボンニュートラルと

第1章　電力の未来を読み解く

は、人為的に排出されるCO_2の量と、植物などに吸収されるCO_2の量をプラスマイナスゼロにするということです。

　日本もパリ協定の下「2030年には2013年比26％削減」という目標を掲げ、さらにその先の2050年には80％削減（基準年は示されていない）することを閣議決定しました。「2050年80％削減」は、達成しなければならない目標と言うより、社会の目指すべき方向性とも言うべきものであり、達成に向けた道筋は示されていません。しかしエネルギーに関するインフラ構築には長い時間がかかることを考えれば、2050年はそう遠い未来でもなく、その方向にどうやって歩みを進めていくか考えねばなりません。

■ Decentralization（分散化）

　これまでは大規模な発電所で大量の電気を発電し、遠距離送電により消費地まで届けるというシステムでした。しかし今後は脱炭素化の要請もあって、再生可能エネルギー（再エネ）の導入が、進展していくと考えられます。代表的な再エネといえば、太陽光発電や風力発電ですが、これらは小規模な電源があちこちに分散して導入されることから、「分散型電源」とも呼ばれます。

　分散型電源には、

・発電過程において、CO_2を発生しない。
・資源が無尽蔵であり、化石燃料のように枯渇の心配がない。
・燃料費がかからない。

　という利点があります。他方で、

・初期投資を含めた発電コストが従来型電源に比べて高い。
・発電量は気象条件によって決まり、人間がコントロールできない。

　という課題があります。

　2つ課題のうちコストの問題を克服するため、全量固定価格買取制度（FIT）を始めとする政策支援が、各国で行われてきました。その結果、分散型電源の

16

価格は、世界的にはここ数年で急速に低下し、インド、サウジアラビアなどでは、1kWhあたり5円前後のプロジェクトも実現しています。この価格が日本で実現すれば、火力発電の中でも最も低コストである石炭火力でも太刀打ちできません。残念ながら我が国では、太陽光発電のコストは今でも諸外国の2倍程度です。再エネの普及政策として導入されたFITの買取価格が適切にコントロールされなかったこともあり、世界でも類を見ないスピードで太陽光発電が急拡大したにもかかわらず高コストに留まっています。しかしいずれは、低価格化の波が及んでくるでしょうし、そうしなければなりません。

　ただし太陽光・風力は、人間が発電量をコントロールすることができません。分散型電源は、別名「自然変動電源」と言われ、その気まぐれな性格は直っていないのです。そのため、コストが安くなるだけでは従来型の大規模系統電源に完全にとってかわることはできません。電気には、必要とされる量（需要）と同量の発電が常に行われている必要がある、という技術的な制約があり、この制約をクリアしなければ、安定した電気の供給ができないからです。

　その欠点を補う蓄電池の価格が将来指数関数的に下落すれば、再エネと蓄電池の組み合わせにより電気の安定供給が可能になることでしょう。しかし当面は電気の安定供給の役割は火力など従来型電源が担うしかありません。そのためしばらくの間、再エネがどんなに安くなっても、火力など従来型電源を一定量維持する必要があります。とはいえ、現在の電力システム改革の下の電力会社（Utility2.0）に委ねれば従来型電源の維持が不確実になることは、次の「自由化（Deregulation）」の項で述べます。

　なお、再エネと蓄電池の組み合わせにも技術的にクリアしなければならない課題は残っています。その1つが、太陽光や風力には従来型電源にある慣性モーメントと言われる回転体の持つ力がないことです。系統の中で慣性モーメントを持たない電源の比率が一定程度以上になると周波数の維持ができず、安定供給が難しくなります。例えばアイルランドは島国でありながら大量の風力発電が導入されたため、そのコントロールに知恵を絞ってきました。このような課題は技術的な対処が不可能という訳ではありませんが、分散型電源はその名の通り分散して設置されますので、対策が後手に回れば解決はより難しくなります。計画的に対処しなければ致命的な問題にもなりかねません。

第1章　電力の未来を読み解く

　分散型電源や蓄電池が大量に導入されれば、電気の流れも変わるでしょう。これまでのように大規模集中電源からの一方向的なエネルギー供給ではなく、小規模分散型電源を活用したエネルギーマネジメントの時代になり、電気の流れは双方向あるいは1つの地域だけで電気の需給が完結するようなケースも出てくるかもしれません。そうなった場合、送配電網をどう維持するかも課題になります。その点については、「ネットワーク」の項で述べます。

　コスト競争力の高まりや脱炭素化の要請によって、「分散化（Decentralization）」の流れは今後加速するでしょう。しかしそのスピードは、分散型電源や蓄電池の技術開発と価格低下がどう進むかで大きく異なるため、それをにらみながら従来型発電設備や送配電網の維持を可能にする制度措置を考える必要があるのです。

■ Deregulation（自由化）

　まず「自由化とは何か」をご説明しましょう。電気事業は、交通や水道など他の公益事業と同様、政府から料金規制を受けていました。規制する目的は大きく2つで、1つは政府の監視により事業者の儲け過ぎを防ぐこと、もう1つは事業者の経営が安定的になるようきちんとしたコスト回収を認めることにあります。事業者の経営安定性を求めるのは、社会インフラの担い手が倒産したりすれば大きな混乱を引き起こすからです。

　しかし、規制の下に長く置かれた事業は徐々にメタボリックになっていきます。投資しても必ず回収できると思えば投資判断は甘くなり、停電を起こして顧客に怒られるより設備をたくさん保有しておこうというマインドになるためです。そうなると消費者は無駄に高い電気代を負担することになります。

　メタボリックになった電気事業を競争環境に置きスリム化する目的で実施されるのが、自由化です。自由化された競争社会では、コスト競争に敗れた設備・事業者は市場から退出することとなります。これは自由化の意義として当然ではありますが、実は電気というインフラについては困った事態も引き起こします。社会として必要な発電設備の量が維持できなくなる恐れがあるのです。

　一般に規制が外れて自由化されれば、市場の需給調整機能、すなわち市場価格が与えるインセンティブを通じて、必要な設備量が維持されることを期待し

ます。しかし、電気の場合は、競争環境に置かれた事業者に投資判断を任せると、社会が必要とするほどには設備投資をしないというのが経済合理的な結論となるからです。

これまで規制の下、総括原価方式でコストの回収が確保されていた時には、1年間に数十時間程度しかない、最も多くの電気が使われるタイミングでしか稼働しないような発電所であっても、電力会社は維持してきました。メタボリックという批判と紙一重かもしれませんが、貯められない電気を確実に提供するには、わずかであっても必要とされる時間がある限りは維持しておかなければならなかったからです。もちろん需要と供給が均衡すればよいのですから、供給力がひっ迫してきたときには需要を抑制するというのも1つの手段です。

自由化以前から主に大口の工場等を対象に電力会社の緊急の要請に基づいて電気の使用を抑える代わりに、電気代の割引を受ける料金メニューもありました。今後電力使用のマネジメント技術などが進歩するに伴い、節約した電力を発電と同様にみなして取引する「ネガワット取引」の活性化も期待されますが、需要の抑制に絶対の信頼を置くこともできません。

自由化当初はまだ規制料金の下で蓄積した設備の厚みがありますので、すぐに問題が顕在化することはありませんが、自由化してからしばらく経つと国全体として発電設備量が不足する可能性があります。上述の通り、市場に委ねれば社会的に最適な設備率と投資家にとっての最適設備率に乖離が生じることに加えて、再エネの普及により従来型電源は曇天や風が吹かない時のみ発電することを求められる都合の良い存在となるからです。新たな技術の普及により既存技術が淘汰されるのは自然の流れではありますが、人間がコントロールできる火力発電はいざという時のために、あるいは、再エネの変動を調整するために維持しなければなりません。

電力市場を自由化したうえで、温暖化政策として再エネの導入を行った独や英などでは火力電源の廃止が続き、規制機関が事業者に対して、発電設備を維持することへの対価を支払う制度を導入するなど、「電力システム改革の改革」あるいは「電力市場のリパワリング」が行われています。これは日本でも早晩必要になることです。どのようなリパワリングが必要か、後章で述べます。

■ デジタル化（Digitalization）

　ここまでは主に電気を作り、送る側から見た影響や変化を整理してきました。最後のDである「デジタル化（Digitalization）」は、電気を使う側に大きな変化を引き起こします。数年前まで電気事業におけるデジタル化と言えば、スマートメーターの設置やモバイルを使った業務改善といった電力会社の業務変革が話題の中心で、電気を使う企業や消費者がデジタル化の恩恵を感じる機会はめったにありませんでした。たしかにスマートメーターの導入によってこれまで以上にきめ細かな時間別の料金メニューが登場しましたが、以前から存在した時間帯別料金メニューのバリエーションが増えただけに過ぎません。しかし本書でいうデジタル化はその先にある、電気事業の提供する価値を根底から変える可能性を持つ新たな技術のことを指しています。

　スマートフォン（スマホ）の普及により消費者個々人が何時でもどこでもインターネットにつながるようになりました。さらに、モノもインターネットにつながり、いわゆるIoTの世界が到来します。集めたデータを処理する能力も飛躍的に改善しています。今後は、人工知能（AI）がデータ処理の世界に新たな可能性をもたらすでしょう。こうしたデジタル技術の進化と普及により、私たちをとりまく環境や私たちの消費行動も変化しつつあります。

　モノが豊富にある時代が続き、消費者は所有することに価値を感じなくなりました。例えば自動車を所有したいという人はかつての3分の1ほどになっています。自家用車は9割以上の時間、車庫で眠っているそうですから、それも当然かもしれません。それでも、乗りたいときに自動車を使うためには、所有するしかなかったので、多くの人が大枚をはたいて、自家用車を購入してきました。しかし、スマホの普及やデータ処理能力の向上などを背景に、ウーバー（UBER）に代表されるライドシェアと呼ばれる新サービスが登場し、私たちは自動車を所有せずに、「移動」サービスそのものを手軽に購入することができるようになりました。デジタル化の進展が消費者に所有の意味を考えさせ、新しいサービスの登場を促したのです。

　これからの電気事業について考えてみましょう。私たちは1kWhの電気が欲しいのでしょうか？　いいえ、違います。電気は手段であって、エアコンやテレビがちゃんと動いてくれれば良いのです。もっと言うと、私たちが欲しいの

はエアコンやテレビですらなく、涼しくて快適な部屋や、自分の好みにあった映画やテレビ番組が本当に欲しいモノ・コトなのです。

アマゾン（Amazon）は、いつでもどこでもインターネットにアクセスできる電子書籍端末を販売しています。この端末の回線費用は、アマゾンが負担してくれます。アマゾンは、電子書籍端末を販売しているのではなく、「快適な読書体験」そのものを販売しているのです。

あらゆるモノがインターネットにつながるIoTの世界では、こうした顧客体験そのものを提供するサービスは、電子書籍などのモバイル端末に留まらず、冷蔵庫やテレビといった家電製品まで広がっていくことでしょう。例えば、宅配サービス事業者が「家族の好みや健康状態を踏まえた食料品を提供するサービス」の一環として、私たちの家に冷蔵庫を設置し、冷蔵庫の購入費用や電気代は宅配サービス事業者が負担するといった世界も考えられます。こうした世界が進むと、もはや私たちは、手段としての電気を買う必要はなく、本当に欲しいモノ・コトだけを買えばすむようになるでしょう。デジタル化の波は、私たちの生活を変え、電力の小売事業を根底から変える、あるいはなくす可能性もはらんでいます。

以上、"5つのD"、すなわち、「Depopulation（人口減少）」「Decarbonization（脱炭素化）」「Decentralization（分散化）」「Deregulation（自由化）」、そして「Digitalization（デジタル化）」について説明しました。5つのDは、ほんの数年前までは成熟産業と思われていた電気事業に非連続なゲームチェンジをもたらすでしょう。

どんなゲームチェンジが進むのか

5つのDという大きなトレンドを受けて、電気事業のそれぞれのパーツはどのように変化していくのでしょう。電気事業を「小売」「発電」「送配電」と区分するのは、やや伝統的に過ぎるかもしれませんが、ここでは既存の区分に従って今後のゲームチェンジを考えます。

■ 小売

　社会のニーズが「所有」から「利用」に変化しつつあること、そしてそれを支えるデジタル化の進展の影響を最も早く、強く受けるのは小売事業であると言えるでしょう。消費者は、テレビや洗濯機を購入する代わりに、「いつでもどこでも自分の好みに合った映画を見ることができる」サービスや「いつも衣服を清潔な状態で収納してくれる」サービスを購入するようになるかもしれません。この世界では、消費者は電気を購入する必要がなく、家計から電気代が消えてしまいます。

　こうした変化の行きつく先は、電力会社から「小売」という事業が縮小し、究極的にはなくなるということです。電力自由化で多くの小売事業者が誕生していますが、いずれ淘汰されなくなっていくと筆者らは予想しています。消費者は電気を買うのではなく、さまざまな機器が提供する体験・成果を買うようになり、そうした体験・成果を提供する事業者（筆者らはこれをUser Experienceコーディネーターの略でUXコーディネーターと名付けました）が、電力販売会社の一義的な顧客になるでしょう。

　こうした流れを加速するのが、仮想通貨の基幹技術であるブロックチェーン等の進歩です。家の中に居るか外出先かにかかわらず、機器に直接電気を提供するマシーン・トゥ・マシーン（M2M）の取引が可能になれば、新たな顧客体験・成果を提供する全く新しいビジネスモデルの構築も可能になるでしょう。

　一方、太陽光パネルの値段がさらに下がり、軽量化が進んで住宅の耐震性に影響しないようになるなどの技術進歩があれば、一戸建ての住宅はどんどん「小さな発電所」になっていくでしょう。そればかりではありません。電気自動車（EV）あるいはヒートポンプ式蓄熱給湯器といったエネルギーを貯める機能を持つ機器が普及して、エネルギーを貯めたり、放出したりするタイミングをコントロールできるようになれば、これまで大規模な発電所でしかできないと言われていた、電気の周波数を安定させる機能を、家庭が果たすことも可能になります。太陽光パネルや蓄エネルギー機器を活用することで、家庭は、エネルギーを消費するコンシューマーから、収益も手にするプロシューマー[1]になる可能性があるのです。

　こうしたゲームチェンジを引き起こし、新しい顧客価値を実現するためには、

技術的な課題だけでなく、計量法を初めとする制度面での課題解決も必要になります。現在の計量法の下では、取引に活用する計量機器には所定の検定が求められます。家庭に設置されている電力量計などは、10年に一度の検定が義務付けられていますが、機器に付属するセンサーそれぞれに検定が必要とされるようであれば、こうした構想は一気に実現性が薄くなります。電力ビジネスだけでなく、IoT全体が直面している課題です。

■ 発電

2050年のエネルギーミックス、電源構成についてここでは詳述しませんが、太陽光・風力といった分散型電源（下記図1のDER：Distributed Energy Resources）は、指数関数的に価格が低下し飛躍的に拡大するでしょう。

図1　電力供給の変化

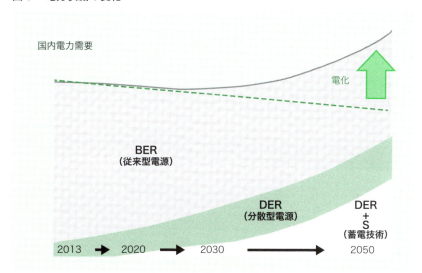

筆者作成

しかし、分散型電源だけでは電力の安定供給は期待できません。電気の安定供給という場合、まず発電電力量（kWh）を十分に確保するという量の問題と、周波数の変動などがないという質の問題の2つの観点があります。まず量の問

題から言えば、脱炭素化の要請から電化が促進されれば電力需要は今よりも増加しますので、分散型電源が急増しても2050年に日本が必要とする電力を全て賄うことは難しいでしょう。

　加えて、分散型電源だけでは電気の質を保つことができません。電気は、需要と同量の発電が常に必要なので、いざという時に備えて生産設備（kW：発電設備容量）を維持しておくことや需要の変動に機敏に対応して調整する力が必要です。DERはそうした機能を提供することはできません。蓄電技術（図1のS）が大量に普及しない限りは、火力・原子力など従来型の大規模系統電源（図1のBER：Bulk Energy Resources）がkWあるいは発電出力の細かな調整によって周波数を安定的に保つ能力（調整力）の提供者として維持されなければならないことは、分散化の項で述べた通りです。

　ところが、Utility2.0の電力市場は、こうした価値に対価を支払う仕組みが十分ではありません。DERが拡大すれば、BERによるkWhの売り上げは細る一方ですから、kWあるいは調整力の対価が収入の中心になるような仕組みを整備する必要があります。「電力システム改革の改革」あるいは「電力市場のリパワリング」のポイントはここです。

　従来型電源を維持する必要はありますが、今後脱炭素化の要請が強まることは間違いありません。そのため筆者らは、政府が掲げる「2050年80％削減」というビジョンに向けて何が必要かを検討しました。その結果出てきた答えは、供給側（電源）の徹底した脱炭素化（非化石化）と需要側での電化という掛け算が必要であるということでした。執筆陣に電力会社に所属するメンバーがいるため我田引水をした、というわけではありません。

　日本が今利用するエネルギーのうち、電気の占める割合は25％程度であり、残りの約75％はガソリンや都市ガスなど化石燃料の直接燃焼が占めています。電気は二次エネルギーであり、CO_2を排出しない一次エネルギーから作ることができます。他方、需要側で化石燃料を消費するボイラーや内燃機関からの排出を削減するには、使用抑制が主となります。低炭素な電力で代替していけば、エネルギーの消費量を過度に抑制することなく、CO_2削減が可能です。

　筆者らの試算では、需要側において、乗用車は全て電気自動車（EV）に、給湯はヒートポンプ機器（エコキュート）に、調理器具はIHにするなど、電化

2 エネルギー産業の 2050 年――理解しておくべきポイント

で きるものは全て電化したうえで、再エネと原子力が電気の65%を賄うまで
に拡大すれば、70%程度の削減ポテンシャルがあることがわかりました。

　ガソリン車をEVで代替していくことは、電化の他にもう１つ意味を持ちます。
電気を貯める蓄電設備としての意義です。EVやエコキュートなどの蓄エネル
ギー機器の導入が進めば、再エネと蓄エネ機器が発電事業の主要プレーヤーに
なる可能性もあるでしょう。その先には再エネと水素という組み合わせもある
かもしれません。分散型電源が発電した電気によって、水を電気分解して水素
を製造し、近くを通る天然ガスパイプラインやガス配管に流し込めば、分散型
電源で発電された電気を無駄なく使えます。

　このような需給構造の大胆な変革は、現在の技術の延長線上では期待しづら
いものです。しかし、第2章の「分散化」の項で説明するように、分散型電源
や電力貯蔵に非連続で指数関数的な価格破壊が起これば、短期間で一気に変革
が進むかもしれません。化石燃料の消費に伴って排出される炭素に価格をつけ
る制度の導入もその流れを後押しするでしょう。価格効果による効率的なCO_2
排出抑制の手段として、大型の炭素税が導入されれば、火力発電に対する分散
型電源や蓄電技術の価格競争力は上がり、ますますこうした変化を加速する可
能性があります。

　ここで気になるのは、同じく低炭素電源でありながら再エネとは全く異なる
扱いをされている原子力発電です。原子力発電については現状、最大でも60
年で運転期間を終了することと規定されています。今後新設あるいは建て替え
がなければ、2050年の日本にはほとんど稼働する原子力発電所がないという
状態になります。しかし筆者らの試算でも、再エネを最大限増やしたとしても
原子力なしで2050年の電力を考えることは困難でした。温暖化対策を劣後させ、
原子力なしで2050年の電力を賄えたとしても、エネルギー安全保障の観点か
ら原子力という技術を手放すことには相当慎重であるべきだと考えています。

　原子力発電所の新設・建て替えの障壁の１つが、その初期投資の大きさです。
これまで原子力の技術開発は大型化の一途をたどってきました。1基あたりの
発電容量を大きくして「大量生産」を可能にすることで、発電される1kWhあ
たりのコストを下げてきたのです。しかし、自由化された市場では投資回収が
不確実になる上、原子力は特に政治や規制の方針変更の影響を強く受ける、一

第1章　電力の未来を読み解く

旦事故を起こせば事業者は「即死」に近い状況に追い込まれるといった事業リスクが高く、資金調達をすることが非常に難しくなります。

　こうした課題をクリアするカギになる技術が、米国で研究開発が進み、すでに導入段階に入りつつある小型原子炉（SMR）であると筆者らは考えています。小型であるため初期投資が抑制できる、安全性を高めた設計になっており、標準化により建設期間の短縮が可能である、そして変動する需要に対応する「負荷追従運転」を得意とするので再エネとの相性も良いとされているからです。

　例えば2050年に、再エネや電気を水素に転換する技術などが安価に使えるようになれば、原子力は市場で淘汰されるに任せておけばよいでしょう。あるいは、2050年までに人工光合成の技術や微細藻類バイオマスの量産技術が確立する、もしくはメタンハイドレートが豊富に産出するようになれば、自然変動電源である太陽光・風力に今の時点で多額の投資をする必要はないのかもしれません。

　しかし、どの技術にいつ価格破壊が起きるかを見通すことはできません。エネルギーはライフラインであり、そのインフラ構築には時間がかかりますので「たられば」に依存し備えを怠ることだけは慎まねばなりません。あらゆる可能性に目配りをしておくことが必要です。もし2050年にも日本が原子力技術を必要とするのであれば、廃棄物の問題などに加えて、いかに安全性を高め、かつ経済性のメリットも確保していくか、そのために必要な投資に対する政策的支援の検討が求められます。

■ ネットワーク

　ネットワークというのは、送配電事業、すなわち電気を運ぶ事業のことです。これまで基本的に電気は川の流れのように、大型発電所から消費される場所まで一定方向に流れていました。将来的に、電気が無線で空を飛ぶような技術開発（無線給電）が進む可能性はありますが、有線か無線かを問わずネットワークの維持が必要です。

　しかし、すでに述べたように分散型電源の導入拡大などによって多くの家庭がコンシューマーからプロシューマーに変化すれば、電気の流れも双方向にな

ります。そうなれば、ネットワークの価値は「電気を運ぶこと」から「つながっていること」に変化するかもしれません。つながっていることで、いざという時にネットワークを通じて電気を融通し合ったり売買できるという、「シェアリングを可能にすること」と言えるかもしれません。

　こうした状況において、ネットワークを誰がどのように維持するのか、そのためのコストはどのように回収されるのかを考えなければなりません。そしてここに、地方における人口減少、分散型電源の拡大が複雑に影響してきます。

　そもそもですが、発電事業や小売事業は自由化されても、送配電事業は自由化されることはありません。送配電事業を自由化しても街中に送電鉄塔や電柱、電線があふれかえるだけで国民の投資負担から考えても無駄になるだけだからです。送配電事業は規制産業として、発電や小売事業の競争が活性化するように、公平な事業運営を徹底することが求められます。規制産業であるため必要なコストは私たちの電気代に含めて回収することが保証されています。

　送配電事業への投資コストはほとんどが固定費で、基本料金での回収も行われていますが、多くは1kWhの電気を運んだらいくら、と電気の使用量に応じた課金で回収されています。しかし、分散型電源によって自宅の電気を自宅で賄い、電線を通じて買う電気の量を減らす世帯が増えると、電力使用量（kWh）に応じた収入では送配電設備の整備に投資した固定費を回収しきれなくなってしまい、値上げをせざるを得なくなります。

　こうなると電線を通じて買う電気が高くなり、太陽光パネルを導入した方が得になるので、プロシューマー化する家庭が増えるでしょう。そうなればさらに電気の販売量は減り、販売量に応じた回収が困難になるので値上げせざるを得ず……。

　これが米国などで問題になっている「デス・スパイラル」であり、集合住宅などで暮らし、再エネの導入を「したくてもできない」世帯は取り残され、高い電気代に喘ぐことになります。

　再エネをより多く導入するためには送配電網の充実が不可欠と言われますが、一方で地方における人口減少が進みます。送配電事業者は、これまで増え続ける需要にキャッチアップするという事業のあり方を一転し、じわじわと減少していく需要に合わせて、賢く設備をスリム化していくこと、あるいは、同様に

第 1 章　電力の未来を読み解く

持続性の問題に直面する他インフラとの融合を図ることが求められるでしょう。これまで当たり前のように維持してきたユニバーサルサービス（送配電網の利用料金を過疎地も都市部も同一とすること）はむしろ見直して、本来のコスト構造を顕在化させ、「地方に住む人ほど高い電気代を負担する」という制度に変更する必要もあるかもしれません。

　社会の変化及び分散型電源と蓄電池の普及をにらみながら、持続可能なネットワークの維持を考えなければならない時期に、日本は来ているのです。

第2章

世の中のあり方が変わった

第2章 世の中のあり方が変わった

1 Depopulation──人口減少

増田レポートの衝撃

一定期間内の人口変動を表す「人口動態」は未来を極めて正確に予見できる唯一の指標だと言われています。日本は今後、世界がこれまで経験したことのない変化を迎えると予想されていますので、2050年のエネルギー事業の変革ドライバーとして、まず人口減少問題を取り上げるべきでしょう。

いわゆる「増田レポート」（日本創生会議人口減少問題検討分科会報告、2014年5月）が人口減少により将来896の自治体が消滅する可能性があることを指摘して以来、新聞やマスコミでも「少子高齢化」に加えて「人口減少問題」が取り上げられるようになりました。確実に人口が減少していく中で、医療や交通、教育といった生活に必要なサービスをどう維持していくか、道路や橋梁などの社会インフラをどう補修していくか、地域の産業や雇用をどう開発していくかという問題は、21世紀の日本にとって最大の課題となります。

人口減少とエネルギー事業

国立社会保障・人口問題研究所による最新の日本の総人口の推計によると2010年に1億2800万人を超えていた人口は、2053年に1億人を下回るまで減少し、2100年には6000万人程度と現状の半数以下に減少する見込みです。

人口減少は、国内エネルギー消費にも大きな影響を与えます。国内エネルギー消費を簡素に分解すれば、次式のように考えることができます。[2]

$$\left(\begin{array}{c} \text{国内エネルギー} \\ \text{消費} \end{array} \right) = (\text{人口}) \times \left(\begin{array}{c} 1人あたり \\ \text{GDP} \end{array} \right) \times \left(\begin{array}{c} \text{GDPあたり} \\ \text{国内エネルギー消費} \end{array} \right)$$

人口は2050年までに現状の80%程度に減少すると推計されます。また省エ

ネルギー技術が進展することによってGDPあたりのエネルギー消費も減少しますから、1人あたりGDPがよほど増加しない限り国内エネルギー消費は確実に減少していくと見込まれます。今後の生産年齢人口（15歳〜64歳）の著しい減少が潜在成長率を大きく低下させる要因となるため、高齢者などの非生産年齢も含めた1人あたりGDPを成長させていくことは並大抵のことではありません。

　これらの要因を踏まえて2050年の最終エネルギー消費の見通しを大雑把に推計してみた結果を図2に示しました。最終エネルギー消費は電力と非電力（ガス・石油）に分けて考えることができますが、ここに示した国内エネルギー消費の構造的減少は、すべての国内エネルギー事業者（石油・ガス・電気）に大きなインパクトをもたらすことでしょう。

図2　2050年度の最終エネルギー消費推計

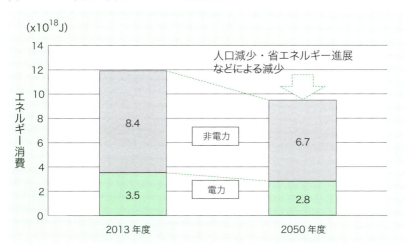

出所：東京電力ホールディングス経営技術戦略研究所による試算

　まず、電力需要が減少すれば電気事業における規模の経済性（生産量の増加により平均費用が低下すること）が失われる恐れがあります。

第 2 章　世の中のあり方が変わった

　人口減少によって電気事業の規模の経済性は失われれば、現在のインフラを維持していく前提で考えると、将来の電気料金が逓増していくでしょう。同様の事例で言えば、石油危機以降需要減少に見舞われた石油事業では規模の経済性を維持するために、かつて割拠した20社ほどの石油元売会社が、現在では数社ほどとなり、さらに再編統合が進みつつあります。電気・ガス事業においても石油業界と同様の再編統合が起きる可能性があり、また後述（第2章2節）する通り、この再編統合は石油・ガス・電気という従来の業界の枠を超えて進むと考えられるのです。

進む過疎化とインフラの持続性

　以上は日本全体で見た人口減少のエネルギー事業への影響ですが、さらにインパクトが大きいのは、過疎化地域への影響です。電気事業のコストが人口密度とどの程度関係するか、データで確認してみましょう。次頁の図3は、各電力会社が配電ネットワークに要している平均費用（単位需要電力量あたり配電費用）です。会社ごとの差はあるものの、需要（人口）密度が高いほど平均費用は安くなります。人口減少だけでなく、高度成長期に建設された送配電設備が今後大量に更新時期を迎えることもコスト増大要因になります。

　需要減少による電力料金の逓増により、企業の立地や人々の暮らし方に変化が生じる可能性がある一方、地域における街づくりや公共インフラの整備が電力コストに影響を与えるという相互関係もあります。また、発電設備の場合と異なり、地域に一定の需要がある限り託送供給義務（送配電網を建設・保守する義務）を有する一般送配電事業者は、将来の需要が減少し投資回収が困難になるとしても送配電インフラを廃止することは困難です。人口密度の変化という共通課題に対し、地域における街づくりや公共インフラを集約化、コンパクト化することが、他の社会インフラの維持と同様、電力インフラの維持と料金の抑制を両立させる観点からも重要となっていきます。

図3 我が国の電気事業における需要密度と配電費用の相関

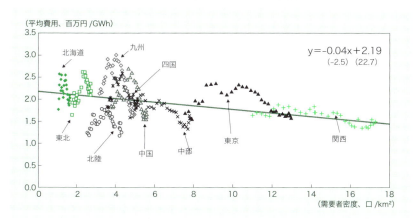

出所：内閣府『平成25年度年次経済財政報告』
※データは1980年～2011年度の電気事業連合会「電力統計情報」。

第2章 世の中のあり方が変わった

2 | Decarbonization——脱炭素化

気候変動問題とエネルギー

2015年の「国連気候変動枠組条約第21回締約国会議（COP21）」で採択された「パリ協定」では、産業革命前からの大気の温度上昇を2℃未満に抑えるという目標が掲げられました。おそらく、この目標は今世紀のエネルギー事業にとって最大の課題になると考えられます。

気候変動問題に関する最新の科学的知見の評価を行う目的で1988年に設立された「気候変動に関する政府間パネル（IPCC:Intergovernmental Panel on Climate Change）」の最新のレポートでは、下記のことが明らかにされています。

・気候システムの温暖化には疑う余地はない。気温、海水温、海水面水位、雪氷減少などの温暖化が再確認された。
・世界平均地上気温は、1880 ～ 2012年において、0.85℃上昇。最近30年間の各10年間の数値は1850年以降のいずれの10年間よりも高い。
・人間活動が20世紀半ば以降に観測された温暖化の主な要因であった可能性が極めて高い（95%以上。以前のレポートでは90%以上の確率と表現されていた）。

このように気候変動が進行しているのは疑いようのない事実であり、それが人為的な活動によって引き起こされている確率が相当程度高いとなれば、予防的な意味も含めて、対処を急がねばなりません。 一方、IPCCのレポートが「経済成長と人口増加が、化石燃料の燃焼によるCO_2排出の増加の最も重要な駆動要因となっている」としている通り、経済成長と温室効果ガス排出量の間には強い相関関係があります。

地球全体で見れば急激な人口増加が続く中、経済成長と温暖化対策を両立していくために、「エネルギーの脱炭素化」を進める必要があります。産業革命

34

前からの温度上昇を2℃未満に抑制するというシナリオを達成するには、低炭素エネルギーの比率を、2050年までに2010年の3倍から4倍近くに、2100年にはほぼ100%にしなければならないとされています。低炭素エネルギーとは、再生可能エネルギー（再エネ）、原子力、二酸化炭素回収・貯留技術付き火力発電（CCS: Carbon dioxide Capture and Storage）[3]、炭素回収貯留技術付きバイオマス発電（BECCS: Bioenergy with CCS）[4] の4種類です。しかしこの4つの低炭素エネルギーには以下のようにそれぞれ課題が存在し、どれか1つに頼るということはできません。

低炭素エネルギーの課題の例
① 再エネ：コスト、安定性、自然保護とのバランス
② 原子力：操業リスク及びそれに関連する懸念事項、ウラン原石採掘に伴うリスク、資金及び規制のリスク、未解決の廃棄物管理の問題、核兵器拡散の懸念、並びに世論の反対
③ CCS付き火力発電：コスト、社会的受容性
④ BECCS：食糧生産、森林保全などとの相克

　大きく分ければ、CO_2を排出しない発電方法（再エネ、原子力）を採るか、発電の時に発生するCO_2を大気に拡散せずに回収する（CCS、BECCS）かです。しかし日本では回収したCO_2を貯留する適地が乏しく、また、BECCSは大気中のCO_2をマイナスにすることができる画期的な技術であるとはいえ、バイオマス燃料獲得のために膨大な面積を必要とするため、大規模な実施は現状では困難との指摘があります。
　このように考えると、少なくとも日本のエネルギーを考える場合には、人為的手段によるCO_2の回収には多くを期待できず、CO_2を排出しない発電を拡大していく必要があると言えるでしょう。

CO₂ゼロ・エミッションへの道筋

　エネルギー分野において人為的CO₂排出をゼロにするためには、どのような方策が必要となるのか、我が国を例に、図4に示したエネルギーフローに沿って考えてみましょう。なお、2013年度の日本の温室効果ガス排出総量は約14億トン、そのうち約88％がエネルギー起源のCO₂です。

図4　ゼロ・エミッション達成の前提となるエネルギーフロー

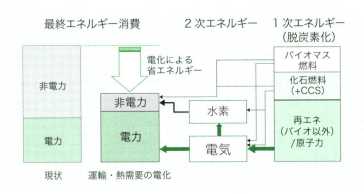

筆者作成

　まず現状のエネルギーの最終消費ですが、図4の一番左側に示した通り、電力需要と非電力需要に分けて考えることができます。非電力需要では、一次エネルギーである石油・ガスなどの化石燃料を燃焼させて熱や動力を得ており、この活動によって我が国では年間約6億9000万トンのCO₂が発生しています（2013年度）。一方の電力需要は、電気によって照明や熱、電動モーターを動かす動力を得るもので、最近ではデータセンターなどIT分野での電力消費も増えています。これら電力需要を満たすための発電が必要となりますが、火力発電は一次エネルギーとして化石燃料が使われています。再エネや原子力を使えば発電時にCO₂は発生しませんが、東日本大震災以降は多くの原子力発電所が停止し代替として火力発電への依存が強まっており、発電部門から発生する

CO_2は、年間5億5000万トン（2013年度）でした。

　まず非電力需要のゼロ・エミッション化において採りうるオプションは、

・化石燃料使用で発生したCO_2をその場でCCSで回収・貯留する
・バイオマス燃料を使う
・水素を使う
・電気を使う

の４つです。

　このうち、CCSは地層深くへのCO_2貯留を行うため、火力発電所や高炉など大規模なプラントを前提とした技術と考えられ、例えば家庭のコンロや自動車から発生するCO_2の回収・貯留は現実的ではありません。このように考えると最終エネルギー消費段階では原則的には化石燃料利用をやめて、バイオマス燃料・水素・電気のいずれかで代替するという選択肢しかないことになります。

　例えば運輸部門では、ガソリン車を電気自動車に置き換える「電化（Electrification）」を進めるといったことが挙げられます。

　しかし単に水素や電気に置き換えればよいというものではありません。水素や電気をどう作るかが重要です。電気については、再エネ（バイオマス含む）、原子力あるいはCCS付きの火力発電で作れば、CO_2排出をゼロにできます。水素については、化石燃料から改質して作る場合にはCCSと組み合わせる必要がありますが、バイオマスから製造したり、脱炭素化した電気を使って水を電気分解して生成することもできます。ドイツでは、再エネで作った電気から水素を作る技術をPower-to-Gasと呼んで、非電力需要の脱炭素化の切り札の１つと捉えています。

　以上をまとめると、ゼロ・エミッションを達成するエネルギーフローは、ほぼ図４に示した選択肢に絞られるということになります。このエネルギーフローを実現する上でカギとなるのは、

　① 発電の脱炭素化（選択肢は原子力、再エネ、CCS付き火力発電）
　② 熱・運輸部門における非電力需要の徹底した電化
　という２つのテクノロジーの掛け算なのです。

第2章 世の中のあり方が変わった

2050年に80％のCO_2削減は可能か？

　今世紀末の完全なゼロ・エミッションに至るまでの間にも、各国は大幅なCO_2排出削減を目指しています。今世紀の中間地点である2050年が1つのメルクマールと考えられており、我が国も2050年までにCO_2排出を80％削減することを目指しています。この目標に実現性があるかどうかは、上記の2つのテクノロジーがどこまで進展するかに大きく関わってきます。

　以下のような大胆な仮定のもとで、2050年時点のCO_2排出削減ポテンシャルを評価してみます。

① 発電の脱炭素化

　発電量に占める再エネと原子力の割合が合計で65％まで高まるとし、残りの35％を火力（熱効率［代表値］50％）であると仮定。CCSは考慮しない。なお、この非化石電源比率のうち、再エネの導入量については環境省（2014）が公表している高位ケース（7339億kWh）をそのまま採用し、原子力については10％を占めると想定する場合に相当。

② 非電力需要の電化

　家庭用・業務用（民生部門）は熱需要（冷暖房、給湯、調理）をヒートポンプなどによりすべて電化。運輸部門は自動車をすべて電化。航空機、船舶は従来通り化石燃料を利用。

　産業用は、熱需要のうち100℃以内のもの、蒸気用途のものは、すべてヒートポンプまたはIHなど電気加熱を利用すると仮定。

　これらの仮定をおいて我が国のCO_2排出削減量を試算してみたのが図5です。非電力需要の電化を行わず、前節で述べた人口減少の影響と省エネルギー、発電部門の脱炭素化のみ考慮したケース〈最終エネルギー消費と電力消費〉では、CO_2削減率は50％程度にとどまりますが、需要サイドの最大限の電化を加えると72％の削減ポテンシャルがあることがわかります。逆に言えば、2050年80％削減とは、需給両面での低炭素技術の爆発的な普及を必要とするということです。

2 Decarbonization──脱炭素化

図5 2050年度のエネルギー起源CO₂排出量削減ポテンシャル試算

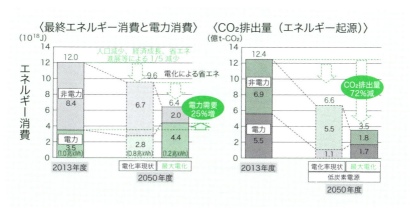

出所：東京電力ホールディングス 経営技術戦略研究所による試算結果
※電力需要には自家発電を含む。

消滅する既存のエネルギー事業体

　先に挙げた試算は、電化の進展を前提としているため、最終エネルギー消費は、2013年度に比べて約半分に減少し、大幅な省エネルギーが達成されていることがわかります。特に化石燃料を用いる非電力需要は4分の1以下にまで激減します。一方、電力需要は25％程度増加しています。

　2050年に向けて電化・非化石化が進むと、石油会社やガス会社はなくなり、電力会社だけが生き残るのでしょうか。おそらくそのようにはなりません。

　需要サイドにおける最大限の電化（特に蓄電池を活用した電気自動車の普及）と再エネの大量導入による発電の脱炭素化が成り立つ世界では、太陽光発電や蓄電池などのテクノロジーの指数関数的な普及拡大が前提となっています。このため、次節で述べるように、エネルギーの分散化によるゲームチェンジが生じて、電力会社を含めた既存のエネルギー事業者のすべてが、大きく姿を変えていることでしょう。2050年までには業界の壁を超えた再編が起きていると思われます。

「2050年度のエネルギー起源CO₂排出量削減ポテンシャル試算」（図5）の試算方法の補足

図5に示した試算について、その根拠を以下に示します。

最終エネルギー消費と電力消費（図5左）の試算方法

- 最終エネルギー消費の実績（2013年度）は、エネルギー・経済統計要覧（日本エネルギー経済研究所）に基づきますが、石油化学の原料であるナフサ、LPG（液化石油ガス）を除外しています。エネルギー起源のCO₂排出量にこれが含まれていないためです。
- 2050年度の最終エネルギー消費（電化率現状の場合：9.6(10^{18}J)）は、2013年度から人口1人あたりの最終エネルギー消費が一定であると仮定しました。人口1人あたりの最終エネルギー消費は、1人あたりGDPが増えれば上振れする一方、省エネが進展すれば下振れします。2050年度という相当先の時間断面で、その影響の大小は想定し難いので、両者の影響は同等と仮定しました。大きな世界観を示す試算としては、これで十分と考えます。
- 人口推計は、国立社会保障・人口問題研究所による日本の将来推計人口（平成29年推計）から、死亡中位仮定・出生中位仮定の推計を用いました（2013年 1億2729万8000人→2050年 1億192万3000人）。
- 2050年度の最終エネルギー消費（最大に電化した場合：6.4(10^{18}J)）は、表aの機器効率を前提に、非電化需要を電化需要に置き換えました。計算の性格上、非電気機器と電気機器の効率の相対関係に意味があり、絶対値に意味はなく、ほぼ現状の水準の機器効率を用いています。機器効率の相対関係が2050年度も、現在と変わらないと仮定していることになります。

2 Decarbonization──脱炭素化

表a 電気機器への代替の試算に用いた機器効率

部門	電化前		電化後	
	用途（機器）	効率	機器	効率
民生	空調・給湯（燃焼系機器）	80%	ヒートポンプ	COP=4.0
	厨房（ガス等燃焼系機器）	80%	IH等電気加熱	95%
産業	工場空調、加温、100℃未満の乾燥（ボイラー等）	80%	ヒートポンプ	COP=4.0
	上記以外のボイラー等蒸気	80%	IH等電気加熱	95%
運輸	ガソリン車	1.67 MJ/km	電気自動車（EV）	0.40MJ/km

・部門ごとの算定結果は表bの通りです。最終エネルギー消費における電化率は、30%（2013年度）から69%まで上昇し、電力需要も2013年度から25%増となります。

表b 部門別の最終エネルギー消費、電力消費と電化率

	2013年度（実績）				2050年度（最大電化ケース）			
	最終エネルギー消費			電化率	最終エネルギー消費			電化率
		電力消費				電力消費		
	10^{18}J	10^{18}J	兆kWh	%	10^{18}J	10^{18}J	兆kWh	%
民生部門	3.8	2.0	0.6	53	2.0	2.0	0.6	100
家庭部門	2.1	1.0	0.3	49	1.1	1.1	0.3	100
業務部門	1.7	1.0	0.3	59	1.0	1.0	0.3	100
運輸部門	3.3	0.1	0.0	2	0.8	0.6	0.2	72
産業部門	4.7	1.4	0.4	31	3.4	1.8	0.5	51
非エネルギー	0.2	0.0	0.0	0	0.1	0.0	0.0	0
合計	12.0	3.5	1.0	30	6.4	4.4	1.2	69

※端数処理により合計値が合わない場合がある。

第2章　世の中のあり方が変わった

3 │ Decentralization──分散化

分散化とは？

　分散化とは、従来の大規模系統電源（BER）中心の電力システムに、分散型電源（DER）や蓄電技術（S：Storage）が大量に普及していくことを言います。

　DERは広く定義すれば、需要場所に設置される化石燃料を用いた自家発も含まれうる概念ですが、ここでは、太陽光発電（PV：Photovoltaics）に代表される、再生可能エネルギー（再エネ）による発電技術を専ら指すこととします。他方、PVにも幅があり、住宅の屋根に設置される数kWのものから、メガソーラーあるいは海外ではユーティリティスケール（Utility Scale）と呼ばれる大規模なものまであります。メガソーラーを分散型と呼ぶかは議論の余地がありますが、BERと比較すれば一桁程度小さいので、DERとしてここでは扱います。なお、DERは、他の文献でもしばしば見かける用語ですが、BERは本書の造語です。また、本書では、蓄電技術（多くの場合、蓄電池）をアルファベット一文字でSと表現します。

　DERの特徴は、下記の4点に整理できます。

　第1に、発電過程において、CO_2を発生しない。

　第2に、資源が無尽蔵であり、化石燃料のように枯渇の心配がない。

　第3に、燃料費がかからないため、限界費用[5]はほぼゼロとみなせる。

　第4に、発電量は気象条件によって決まり、人間がコントロールできない。

　DERは最初の3つの特徴ゆえに非常に魅力的な発電技術ですが、BERに取って代わるものとして普及するには、第4の特徴が課題となります。この課題の克服のために、Sが重要な役割を担います。Sは携帯電話の電源などの形で私たちの周りですでに普及していますが、携帯電話のSは、移動する電話へのエネルギー供給のためだけに活用されるものです。ここで取り上げるSは、移動するモノ（携帯電話や自動車など）へのエネルギー供給のほかに、電力システ

42

ムに接続し、システムの安定等に何らかの役に立つサービスを提供することを
想定しています。

「限界費用ゼロ」社会と潤沢なエネルギー

　近年、いくつかの論考がDERの大量導入によって、人類が潤沢なエネルギー
を手にする可能性を指摘しています。米国の文明評論家でドイツや欧州委員会
の経済アドバイザーも務めるジェレミー・リフキン氏の著作『限界費用ゼロ社
会』（リフキン、2015）は、共有型経済（シェアリングエコノミー）社会の到
来を文明評論家らしい巨視的な視点で捉えた興味深い論考です。リフキンは、
モノのインターネット（IoT）などの技術の進歩により、コミュニケーション、
エネルギー、運輸の3つの分野で限界費用がゼロに近づいていき、それが資本
主義経済の衰退と共有型経済の台頭を招くと予言しています。リフキンがエネ
ルギー分野で限界費用をゼロにする技術として念頭に置いているのは、太陽エ
ネルギーを活用するDERです。地球上に到達する太陽光のエネルギー量は1㎡
あたり約1kW。もしも地球全体に降り注ぐ太陽エネルギーを100％変換できる
としたら、世界の年間消費エネルギーを、わずか1時間で賄うことができるほ
ど巨大なエネルギーであり、しかも、枯渇する心配がありません。[6]リフキンが
予言する社会では、人類は史上かつてないほど潤沢（abundant）なエネルギ
ーを手にすることになるでしょう。
　Xプライズ財団のCEO[7]でシンギュラリティ大学の共同創設者でもあるピータ
ー・ディアマンディスは、その著作『楽観主義者の未来予測』[8]（ディアマンデ
ィス、2014）の中で、現代社会で、貧困をはじめ私たちが直面しているさま
ざまな問題が、潤沢なエネルギーを活用することによって解決されていくこと
を予言しています。以下は、同著第13章「エネルギー」からの要約です。

　国連の推計によれば、電気のない暮らしをしている人々は15億人、木や木
炭のような原始的な燃料を調理や暖房に使っている人々は依然として5億人い
る。サハラ以南のアフリカでは、人口の7割以上が電力の得られない生活を送
っている。電力は、潤沢な世界を実現する上で最も重要な要素である。電力が

第2章　世の中のあり方が変わった

十分にあれば、水不足の問題が解決でき、健康問題の大部分への対応に役立つ。照明があれば教育を促進し、それが貧困の撲滅につながる。

　エネルギーの潤沢さを実現したければ、大規模に拡張できるテクノロジーを選ぶ必要がある。理想的には、指数関数曲線に沿うテクノロジーがよい。太陽光エネルギーはこの条件を満たしている。

　現在のエネルギー需要に太陽エネルギーが占める割合は1パーセントだと指摘する批評家は、指数関数的世界で、線形的な思考をしているだけのことだ。年成長率30%で拡大していけば、18年後にはエネルギー需要の100パーセントを太陽エネルギーで賄える。10年後－今から数えて28年後－には、現在の世界のエネルギー需要の1550パーセントに相当するエネルギーを、太陽光から生産するようになる。そして、それと同時進行で、テクノロジーによって、電子にできることの範囲は広がるだろう。潤沢なエネルギーを自由に使って何をすればよいか、メトカーフは次のように述べる。「1つめは、エネルギー価格を一桁下げて、地球全体の経済を急成長させる。2つめは、何百万人もの人々を月や火星に送り、宇宙フロンティアを本当の意味で開拓する。3つめは、地球上のあらゆる人々に、アメリカの水質基準を満たすくらいに新鮮できれいな水を毎日供給する。四つめは、地球大気から不要な二酸化炭素を直接取り除く」

　また、現代の経済社会で流通している価値のある財のほとんどは、エネルギーを使って採取した資源を、エネルギーを使って加工したものです。人間が労働の対価を求めるのは、生活の糧を手に入れるためですが、その生活の糧もエネルギーを活用して採取され、加工されたものです……等々と突き詰めていくと、潤沢で価格ゼロのエネルギーが活用できるなら、究極的には、ほとんどの財の価格はゼロになります。リフキンは、コミュニケーション、エネルギー、運輸の3つの分野を限界費用ゼロ社会の中核としていますが、3つの中で最も重要なのは、エネルギーなのでしょう。

　そして、これは、世界から希少な財がなくなっていくことを意味しますから、希少な財を生産し、取引し、利益を上げることを前提とする資本主義は、消滅するとは言わないまでも、役割が縮小していくことは不可避と思われます。リフキンが、限界費用ゼロ社会がもたらす共有型経済の担い手を、政府でも利益

3　Decentralization──分散化

を追求する営利企業でもない、協働型コモンズと呼ぶ非営利型の主体であると予言しているのも、この認識に基づくものでしょう。

分散型電源普及のためのさまざまな政策支援

　燃料が無尽蔵で限界費用がゼロのDERは、魅力的な技術です。広く普及すれば、温室効果ガスの削減目標達成、すなわち脱炭素化に大きく貢献するとともに、経済社会に文明論的な変革すらもたらしうる技術です。しかし、これには初期投資の低減という大きな課題があります。少なくともこれまでは初期コストが高いために、従来のBERと電力系統により供給される電力（系統電力）に対して価格競争力がありませんでした。市場における選択に委ねているだけでは、DERの普及は進まなかったのです。そのため、各国政府はさまざまな政策支援を行ってきました。支援の方法としては、次のようなものがあります。これらの支援はいずれも、DERの普及を加速し、学習効果や量産効果の発揮を促し、早期に系統電力と競争可能なコスト水準を達成することを狙ったものです。このようになることを、グリッドパリティ（grid parity）と呼びます。

1　固定価格買取制度（FIT：Feed-in Tariff）
　再生可能エネルギーで発電した電気を、国などが定める優遇価格で長期間買い取ることで投資回収の予見性を高め普及を促す制度です。優遇価格は当然に系統電力の市場価格よりも割高なので、市場価格との差額は、賦課金という形で、消費者が広く薄く負担します。ドイツ、スペインなどに続き、日本でも2012年7月から導入されています。なお、一定程度の再エネ導入が進むと市場価格に上乗せするプレミアムを固定するフィードインプレミアム（FIP：Feed-in Premium）という制度に移行するケースもあります。

2　RPS制度（RPS：Renewable Portfolio Standard）
　電気事業者に対し、再生可能エネルギーで発電した電気を一定量または一定割合以上活用することを義務づける制度です。再エネが割高であっても、一定量の市場が確保されることにより、普及を促すとされています。FITが価格面

45

で再エネを優遇するのに対し、RPSは量の面で優遇する制度で、調達義務を負う事業者は、できるだけ安く調達するインセンティブを持ちます。米国の複数の州で導入され、日本でも2002年に導入されましたが、その後2012年のFIT導入により廃止されています。

❸ 税額控除

再生可能エネルギーに対する税制面の優遇であり、投資額の一定割合を法人税から控除する投資税額控除（ITC：Investment Tax Credit）と発電量に比例した額を税額控除する生産税控除（PTC：Production Tax Credit）に大別されます。米国連邦政府の時限立法として導入されている制度が有名です。[11]

❹ ネットメータリング

主として、家庭用自家発電として導入される太陽光発電（PV）を対象とした制度で、自家消費できずに配電系統に流されたPVからの余剰電力を、同量の系統電力の購入と相殺します。

図6で説明します。PVを設置していない左側の需要家（電気などの供給を受ける者）Aは、常に配電系統から電気を購入しています。PVを設置した右側の需要家Bは、昼間の時間帯にPVが発電し、自宅内では消費しきれず余った電気は、配電系統に逆流します。ネットメータリングでは、需要家Bは、夜に消費した電気の量と昼間に逆流させた電気の量を相殺することができ、需要家Bの支払う電気料金は、（P+Q−R）×電気料金単価になります。これは、需要家Bが蓄電池を設置してRの電気を貯蔵し、PやQに充当することに同値ですから、ネットメータリングは電力会社による無料の電力貯蔵のサービスと言えます。[12]

ネットメータリングは、米国では40州以上で導入されていますが、後述（第3章4節）するデス・スパイラル問題を引き起こすことから、対策あるいは見直しを模索する動きがあります。

競争力を持ち始めた太陽光発電

太陽光発電（PV）は、ディアマンディス、コトラー（2014）によれば、指

図6　PV設置需要家と非設置需要家の比較

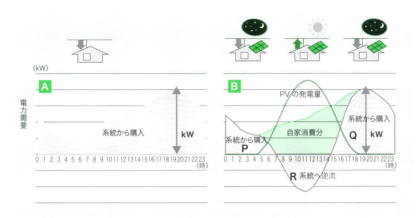

筆者作成

数関数的技術すなわち、指数関数的な普及拡大、指数関数的なコスト低下が期待できる技術です。また、前述のような政策支援もあって、実績を見てもコストは順調に低下してきています。米国の実績を見ていきましょう。

米国におけるPVの均等化発電原価（LCOE：Levelized Cost of Electricity）は、メガソーラーの規模で、2010年に27セント/kWhであったものが、2016年には7セント/kWh（ITC等の政策補助を含まない）と6年間で4分の1になっています。LCOEとは、発電所の設計、建設から運用、廃止までのすべてのコストを、生涯発電量で割ったものです。PVは、燃料費はゼロなので、LCOEが下がることは設備コストが下がることを概ね意味します。

エネルギー省（DOE）は、2011年から、太陽光発電システムのコスト削減に向けた「サンショット・イニシアティブ（SunShot Initiative）」というプロジェクトを進めていて、当初の目標（サンショット2020）は、メガソーラーのLCOEを2020年までに6セント/kWhにするというものでした。つまり、2020年までの10年間の目標を開始後5年で9割方達成したことになります。ちなみに、1980年代のPVのLCOEは約30ドル/kWhでしたから、30年で数百分の1になったとも言えます。

2016年11月、DOEは新しい目標として「サンショット2030」を発表しまし

た。目標値を図7に示します。2030年までに以下を達成しようというものです。

- 住宅用を2016年の18セント/kWhから5セント/kWhへ
- 商業用を2016年の13セント/kWhから4セント/kWhへ
- メガソーラーを2016年の7セント/kWhから3セント/kWhへ

3セント/kWhは、既存のBERの変動費（≒燃料費）よりも低い水準ですから、この目標を達成すれば、PVは政策的優遇措置がなくとも、市場で選択される電源になるでしょう。

図7　PVのLCOEの実績及びサンショット2020／2030における目標値（米国）

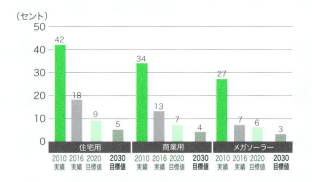

出所：DOE（2016）を加工

日本の太陽光発電は高い

　日本の実績を見てみます。日本では2012年のFIT制度開始以降、PVの導入が急速に進みました。コストの低下を受けて買取価格も年々引き下げられ、非住宅用PV（設備容量で10kW以上のもの。メガソーラー含む）で言えば、施行直後の40円/kWh（税抜き）から、2017年度は21円/kWhと半分程度になっています。しかし、米国あるいは、日本と同様にFITを支援策の中心にしてきた欧州諸国と比較しても、日本のPVコストは倍以上と相当に高いのが実情です。

3 Decentralization——分散化

　図8に、FIT施行前の2009年に、環境省とNEDOが公表していたPVコスト低減のロードマップ（NEDO、2009・環境省、2009）を示しました。図中の星は、2012年度（FIT施行直後）と2017年度における、非住宅用PV向けの買取価格（税抜き）とPV累計導入実績[14]を示したものです。買取価格と発電コストがほぼ一致しているとすれば、我が国のPVは発電コスト低減のロードマップから相当に遅れていると言えます。買取価格と発電コストが乖離しているとすれば、事業者の儲け過ぎを許す買取価格を設定しているということです。

図8　NEDO、環境省（2009）におけるPV累積導入目標量と発電コスト目標

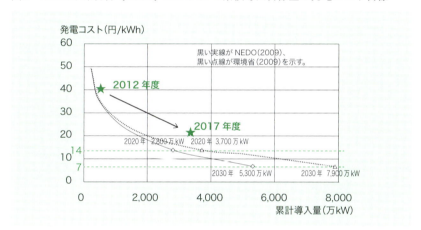

出所：NEDO、環境省（2009）を基に作成

　日本でFITが施行された当時、先行してFITを導入していた欧州では、PVの買取価格は日本円換算で20円/kWh前後まで下がっていました[15]。それにもかかわらず、その倍近い40円/kWhでFITをスタートさせた、当時の日本政府の判断は、不可解なものでした。欧州の人々が貴重な負担をして、PVの価格を引き下げてくれたのに、その恩恵に与ることをなぜしなかったのでしょうか。FITは、政府が買取価格を適切にコントロールしないと、高コスト構造の温存にしかならないリスクがありますが、日本はこのリスクを顕在化させてしまいました[16]。

分散型エネルギーの指数関数的普及は期待できる

　日本のFITは、政府が適切に価格をコントロールできていれば抱えなくてもよかったであろう債務（欧米よりも5年程度遅れの割高な買取価格で、PVの電気を買い取る債務）を抱えてしまっています。これは不幸なことですが、それでも2050年までに、PVやS（蓄電技術）に、指数関数的な普及拡大が起こる可能性は十分にあります。

　Sについて、簡単に触れておきたいと思います。BNEF（2016）によると、図9のように米国における2016年の蓄電池の平均単価は273ドル/kWhであり、2010年から70%以上下がっています。Sの指数関数的普及も十分に想定されます。

図9　米国におけるリチウムイオン電池価格の推移

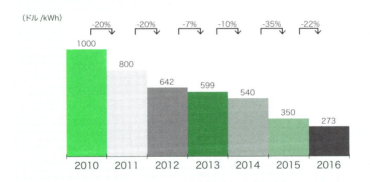

出所：BNEF（2016）

　日本政府は、2015年7月に新たな長期エネルギー需給見通しを決定、公表しました。2030年度の電源構成に占めるDERのシェアをPV7.0%、風力1.7%としています（経済産業省、2015）。これは、自然変動電源であるDERのシェアとしては、欧州全体の現在の水準とほぼ同じであり、目標として物足りないと批判する向きもあるようです。しかし、DERもSも、指数関数的な価格破壊が起これば、政府の計画がどうであろうとも、市場における選択の結果で指数関

3　Decentralization──分散化

数的に普及し、シェアを伸ばしていくでしょう。

　指数関数的普及のイメージはP23の図１に示した通りです。日本は、人口が減少トレンドではありますが、DERやSの指数関数的価格破壊が起これば、エネルギーの中で電気の競争力が向上することを意味しますから、必然的に電化が進むでしょう。その結果、人口減少の中でも国内の電力需要はむしろ増えると見込まれます。潤沢で安価に手に入るようになれば、電気の使い方も大きく変わるかもしれません。ボストンコンサルティンググループ（2017）は、情報通信技術を念頭に「技術革新がある段階に達すると、計算能力などのリソースが極めて安く豊富になるため、それらのリソースを浪費することで、あたらしいものを生み出すことに経済合理性が出てくる」「ブロックチェーンとデジタルトークンは、安価な（データ）ストレージを浪費することによって、破壊的イノベーションをもたらしている」と指摘しています。同様なことが潤沢で安価な電力技術を背景に起こるかもしれないわけです。また、運輸の電化が進展すれば、電気自動車（EV）の動力源として、Sも導入が拡大していきます。このSを、デジタル化によって有効活用することができれば、DERのさらなる普及が可能となります。[18]

　この流れを後押しするのが、2節で説明した脱炭素化のメガトレンドです。炭素（CO$_2$）の排出に価格が付き（カーボンプライス）[19]、脱炭素化の要請の高まりによってそれが上昇すれば、DERやSが指数関数的に普及した電気の価格競争力をさらに高めます。つまり、脱炭素化は電化のトレンドを後押ししますが、同時に、電化は脱炭素化の有力な手段です。カーボンプライスが適切に機能すれば、市場の選択として、電化＝脱炭素化が効率的に進むことが期待されます。そのためには、カーボンプライスの制度が、すべてのエネルギー資源について公平・中立であり、エネルギーを利用するすべての者にとって透明かつ予見性の高いものであることが求められます（詳細は（戸田、2016）を参照）。

4 Deregulation——自由化

公益事業における規制改革と電力システム改革

　従来、電気、ガス、通信、航空などの公益事業は、規模の経済性などを根拠に自然独占性を有するとされ、国営などの公的企業として、あるいは民間資本による規制産業として、地域独占を認める供給体制が主流でした。1980年代以降、多くの国で、これら規制産業に市場原理を導入する規制改革が進展しましたが、電気事業も1990年頃から、市場原理の導入、すなわち電力システム改革が本格化しました。

　それまでの電気事業は、発電から送配電、小売に至るバリューチェーン全体が自然独占性を有するとして、地域独占が認められてきました。電力会社に独占を認めると同時に電気の供給責任を課し、政府などの公的機関が電気料金の規制を通じて、低廉・安定な電力供給を実現しようとするものでした。こうした垂直一貫体制、総括原価方式の下の電気事業を、筆者らはUtility1.0と呼んでいます。この体制は多くの国で経済成長期の電力インフラを支えることに貢献しましたが、その弊害も指摘されるようになりました。

　電力システム改革は、送配電ネットワークを共通の流通インフラとして開放し、発電（卸売）及び小売の分野への新規参入を促すものです。その結果、両分野において、既存事業者、新規参入者による市場競争が起こります。その競争を通じて、安定した電力供給が維持されること、価格の引き下げや革新的なサービスが実現することを意図しています。電力システム改革後の電気事業をUtility2.0と呼んでいます。改革の背景には、発電分野の技術革新の進展により、発電事業の自然独占性が消失したことがあります。他方、送配電ネットワークは、引き続き自然独占性を有することから、ネットワーク利用料金などに事業規制が維持されます。図10に改革後の電力システムのイメージを示しました。

電力システム改革の成果

こうした改革は期待した成果を上げているのでしょうか。実は諸外国の実績を見る限り、成功しているとは言えそうもありません。

図10　改革後の電力システムのイメージ

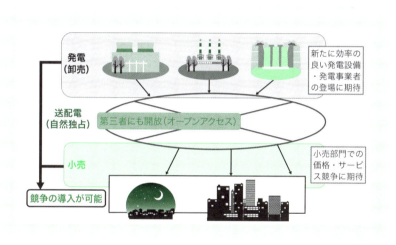

出所：戸田（2016）

まず、価格が低下したか。日本エネルギー経済研究所（2013）が、欧州6カ国、米国4州を及び日本を対象に、2011年頃までの実績を分析し、その結果、「日本を除く調査対象国では、電力自由化開始当初に電気料金が低下していた国・州もあったが、おおむね化石燃料価格が上昇傾向になった2000年代半ば以降、燃料費を上回る電気料金の上昇が生じている」と指摘しています。

次に、革新的なサービスが出現したか。電力システム改革により多様なメニューが提供されるようになるとの触れ込みでしたが、電気は価格以外での差別化が難しく、結局再エネの割合を高め、消費者の良心に訴えるようなもの程度で、目新しさはありません。数年前からのバズワードであるスマートグリッド[21]も、B2Cの分野では、電気料金の節約以上の「ウリ」はあまりなく、インパクトはいまひとつです。

第2章　世の中のあり方が変わった

重要な論点「発電設備のアデカシー確保」とは

　さらに、安定した電力供給は確保されているか。何をもって、安定した電力供給の確保とみなすかは、いくつか評価軸が考えられますが、投資が適切に促され、必要な設備が維持されるかどうかにまつわるアデカシー（adequacy）が重要です。特に、発電設備については比較的大きな投資が必要であり、これまでは規制を通じて維持されていたところが、市場の需給調整機能、すなわち市場価格が与えるインセンティブを通じて、必要な設備量が維持されるかどうかが、重要な論点になります（以後、この論点を「発電設備のアデカシー確保」と言います）。これは、電力システム改革開始当初から、ずっと論点であり、争点であり続けました。この問題が重視されるのは、次に掲げる電気固有の商品特性によります。

　第1に、貯蔵が難しいことです。このため、需要と同量の供給が常に行われていることが求められます。

　第2に、需給のバランスが崩れた時の社会的影響が大きいことです。需要が供給を上回った時、電気は増分需要に対する供給ができなくなるだけでなく、システム全体が停電、すなわち市場自体が崩壊してしまいます。しかも、現代社会では、電気はなくなれば社会や国民の安全が確保できず、経済活動が成り立たないほどの重要な財です。したがって、実際に停電が起こったときの社会的費用は非常に大きいものになりますから、一定水準以上のアデカシーを確保することは、社会全体にとって非常に重要です。

　電力システム改革を行った主な国や地域において、改革開始時の設備率（1年間の最大需要に対して、発電設備の量にどれほど余裕があるかを示す指標）を表1に示します。米国のカリフォルニア州は、設備率が低く、他州からの電力輸入に大きく依存する状況の下で改革を断行した結果、2000年から2001年にかけて電力需給がひっ迫し、大規模な計画停電の実施に追い込まれました。この影響は米国内では大きく、その後の他州の改革にブレーキがかかりました。一方、欧州では、発電設備に相当な余剰があった国が多いことがわかります。少なからぬ「貯金」を抱えて改革に着手したので、長らくこの問題に直面

54

4 Deregulation ── 自由化

表1　各国/各州における電力システム改革開始時の設備率

	電力システム改革 開始時の設備率	開始年
英国	1.28	1990
フランス	1.44	1999
ドイツ	1.43	1998
イタリア	1.44	1999
スペイン	1.41	1998
スウェーデン	1.26	1996
米国　カリフォルニア州	1.01	1998
米国　テキサス州	1.38	2002
日本	1.33	2000

出所：海外電気事業統計、米DOE/EIA、カリフォルニアエネルギー委員会、電気事業便覧
※1　設備率＝電気事業者発電設備の銘板容量合計/最大電力。
※2　テキサス州は、銘板容量の代わりに夏季供給力を使用（値は小さめになる）。
※3　カリフォルニア州の設備率は、データの制約により2000年のデータ。

せずにすみました。

　しかし、2010年代に入り、ドイツ、英国、米国のテキサス州などで、将来の電源不足への懸念が高まりました。この直接の背景には、改革前に蓄積した設備の厚みが減少したこと、政策補助を受けて大量導入された再エネ、すなわちDERが、火力発電所を中心とした従来型のBERの市場を奪い、採算を悪化させたことなどがあります。

　しかし根本には、自由化後の制度設計が前出の電気固有の商品特性を十分に踏まえたものになっていなかったことが指摘できるでしょう。それが、改革前に形成された設備の余裕が尽きる、あるいはDERの大量導入という当初想定していなかった状況が起きたタイミングで顕在化したわけです。この傾向は、今後さらに顕著になるでしょう。つまり、「電力システム改革の改革」が必要とされるのです。「改革の改革」を国際エネルギー機関（IEA）は「電力市場のリパワリング」と呼んでいます（IEA、2016）。リパワリング（Re-powering）とは、老朽化した火力発電所等を最新鋭の技術を用いて改造することを意味する言葉ですが、「電力市場設計もリパワリングが必要」と指摘しています。

55

第2章　世の中のあり方が変わった

表2　東日本大震災までの日本における電力システム改革

1 —— 第1次制度改革（1995年法案可決、同年施行）

・卸発電事業の自由化　　　：卸供給入札制度の導入、IPP（独立系発電事業者）の参入
・特定電気事業制度の導入

2 —— 第2次制度改革（1999年法案可決、2000年施行）

・小売の部分自由化　　　　：特別高圧需要家が対象・新電力（特定規模電気事業者）参入
・兼業規制の撤廃

3 —— 第3次制度改革（2003年法案可決、2004年より施行）

・小売自由化範囲の拡大　　：段階的拡大（04年〜 500kW，05年〜 50kW以上）
・卸電力取引市場の創設　　：全国規模の市場（JEPX）
・中立機関の設立　　　　　：基本的なルール策定、紛争処理等（ESCJ）
・行為規制の導入　　　　　：情報の目的外利用・差別的取扱い・内部補助の禁止
・振替供給料金の廃止　　　：供給区域をまたぐ毎に託送料金が増える仕組みを廃止

4 —— 第4次制度改革（2008年答申確定、法改正なし）

・卸・発電市場の競争促進　：時間前市場の創設、求償ルール変更
・料金の見直し　　　　　　：インバランス料金の見直し、同時同量負担の軽減
・環境適合　　　　　　　　：CO_2フリー電気、京都メカニズムクレジットの実験的取引

出所：戸田（2016）

日本における電力システム改革

　日本に目を向けます。日本も、欧米諸国における先例にならい、電力システ
ム改革を進めました。1995年に発電部門への新規参入を解禁したのを皮切りに、
2000年には、特別高圧受電の需要家向けの小売供給が自由化され、以降、自
由化範囲は段階的に拡大されてきました（表2参照）。
　日本の電力システム改革は、東日本大震災による原子力発電所の事故や計画
停電の発動を契機に、議論が一気に加速しました。計画停電は本来、電気の供
給力が大量に失われた場合に、部分的な停電を許容することで系統全体のダウ
ン（ブラックアウト）を回避する措置です。ブラックアウトになってしまうと、
送電の回復に数日かかってしまい、社会的損失が非常に大きいためです。計画

停電は、先進国でも実施されており、東日本大震災の1カ月前には、寒波が襲来した米国のテキサス州で、同じ年（2011年）の9月には韓国で行われました。つまり、他国でも、東日本大震災直後のような供給力の大量喪失（東京電力は当時供給力の約3分の1を喪失）に直面すれば、マニュアルにしたがって粛々と発動される仕組みです。したがって、計画停電が発動されたことを「我が国の電力供給システムに内在していた問題点が顕在化（経済産業省、2011）」と解釈するのは、本来無理があります。

震災前の日本の電力システム改革は"いい加減"だった？

　東日本大震災直前の日本の電力システムは、制度上、契約電力50kW以上、販売電力量で6割程度の需要家（供給を受ける者）向けの小売供給が自由化されていました。しかし、新規参入者のシェアは2%程度と少なく、欧米の多くの国が採用していた構造的な発送電分離を採用していないなどの批判がありました。外形的には「改革が十分に成果を上げていない」となるのでしょう。ただし、別の見方をすると、発電設備のアデカシー確保を発送電一貫体制の既存事業者（電気事業法上の呼称は「一般電気事業者」）に専ら依存する、新規参入者には多くを期待しない、という前提あるいは制約の下にあった改革とも言えます。

　なお、日本における発電アデカシー確保とは、単に需要を満たす発電設備の量を確保するのみならず、国内にエネルギー資源がほとんどない固有事情から、発電用燃料を安定的に確保する取り組み（燃料種及び燃料調達先を多様化しリスクを分散する等）も含まれます。

　発電設備のアデカシー確保は、地域独占体制下では一般電気事業者が担いますが、法的独占が確保されなくなれば、担う義務はありません。しかし、総合資源エネルギー調査会電気事業分科会の答申（経済産業省、2003）から、政府は、自由化後も一般電気事業者が発電設備のアデカシー確保を担うことを期待していたと考えられます。

　それは、例えば次のような記載から読み取れます。

第2章　世の中のあり方が変わった

　電気事業制度の中核的役割を担う一般電気事業者には、エネルギーセキュリティ及び環境負荷の観点から優れた特性を有する原子力発電や水力発電等の初期投資が大きく投資回収期間の長い長期固定電源の推進に向けた取り組みが引き続き期待される。特に、原子力等の大規模発電事業を推進するためには、送電事業との一体的な実施が求められることを踏まえると、現行の一般電気事業者が、引き続き重要な役割を果たすことが期待される。

　（中略）

　段階的な自由化範囲の拡大過程においては、引き続き規制部門の需要家が存在することとなるが、かかる規制需要家への確実な電力供給は、規制部門における独占的な供給者としての位置付けにある一般電気事業者が、現行制度と同じく、約款の認可及び届出・変更命令等の適切な規制の下、責任を持って行う必要がある。一方、自由化分野における需要家向けの最終保障については、現行制度と同様に一般電気事業者が対応することが適切である。この意味でも、発電から小売まで一貫した体制で、規制需要等に対し確実に電力供給を行う「責任ある供給主体」として、一般電気事業者制度の存続が求められると言える。

　この一般電気事業者中心の発電設備のアデカシー確保は、新規参入者のシェアが大きくなれば機能しません。政府が、新規参入シェアが増えないこと制度として担保していたわけでは当然ないので、一般電気事業者の「善意」に頼っていたわけです。前述の通り、震災前の新規参入者シェアは結果的に2%程度でしたので、発電アデカシー確保は問題になりませんでした。この仕組みの不安定さや不合理さを詳らかにすることなく、システム改革を"いい加減"で納めていたと言えるでしょう。

「善意中心の発電アデカシー」からの脱却の展望は？

　東日本大震災後の改革議論において、政府は競争促進、具体的には、新規参入シェアの増加に舵を切ります。新規参入者のシェアが小さかった主たる理由は、安くて競争力のある大規模電源を新規参加者が保有することは難しいとい

う制約にあるので、既存事業者の供給力を卸電力市場に投入させることを強力に推進しています。加えて、改正電気事業法では、一般電気事業者の事業類型を廃止し、構造的な発送電分離（法的分離）に踏み切ります。その帰結として、「善意中心の発電アデカシー確保」も転換することになります。電力システム改革専門委員会（2013）が次のように説く通りです。[28]

　新たな枠組みでは、これまで安定供給を担ってきた一般電気事業者という枠組みがなくなることとなるため、供給力・予備力の確保についても、関係する各事業者がそれぞれの責任を果たすことによってはじめて可能となる。

　日本独特の「善意中心の発電アデカシー確保」はいずれ転換しなければなりませんが、転換に踏み切るには、具体的な転換後の姿を描くことが必要です。改革の先例としてきた欧米諸国では、当面アデカシーを担うべき、火力発電所を中心とした従来型のBERが、CO_2排出制約の強まりと政策支援を受けたDERの増加による市場の縮小により、設備を維持できなくなりつつあります。とはいえ、自然変動電源であるDERに発電アデカシーに貢献する実力がないのは明らかなので、BERの市場からの退出を防ぎ、適切な設備更新を可能にする制度設計が必要です。そのため各国で「電力システム改革の改革」が進められているのです。

　脱炭素化と分散化のトレンドは、日本でも共通です。日本では、さらに人口減少と原子力再稼働の不確実性が加わります。欧米諸国よりも電気事業に対する不透明感が強く、BERを維持する環境はより厳しいと言えます。このような不透明性が高まっている時期に改革に踏み切ったものの、政府には「善意中心の発電アデカシー確保」から転換した後の展望がなかったように思われます。

　澤（2012）は、震災後に当時の政府が、電力システム改革の議論を加速し、『電力システム改革タスクフォース「論点整理」』（経済産業省、2011）をとりまとめたことを受けて、次のように指摘しています。

　今回の大震災によって生じた重大な原発事故やその他の電源被害と、それに続く計画停電などの社会的インパクトがあまりにも大きかったため、現状の電

第2章　世の中のあり方が変わった

力システムに何らかの問題が潜在していたことを指摘したくなる政治的な空気
は理解できる。しかし、こうした大災害の直後は、それがどうしても人々の記
憶に残り、過大評価されがちである。他のリスクとの冷静な比較がなかなかで
きず、大災害直後の政策決定は不合理なものになりやすいと言われる。電力シ
ステム改革についても、改革がもたらすであろう様々な新たなリスクを冷静に
評価することなく、結論を急ぎすぎるあまりに不合理な政策決定が行われてし
まう危険がある。経済社会のインフラであり、かつ設備形成に長期のリードタ
イムが必要な電力セクターにおいて、不合理な政策決定により社会に長期にわ
たる悪影響がおよぶことは避けなくてはならない。

電力市場のリパワリングを

　とはいえ、社会の局面が拡大から縮小に変わり、新たなシステムが求められ
るようになっていたことも事実ですし、第2章3節で見たように、DERや蓄電
技術の指数関数的成長が起こることも想定され、改革そのものを否定するべき
ではないと筆者らは考えています。しかし、それは、「電力システム改革の改革」
すなわち、「リパワリングをした改革」でなければなりません。
　実際にDERや蓄電技術の指数関数的成長が起こり、限界費用ゼロの自然変動
電源が電力供給の主役となれば、電力システム及び電力市場は、技術面でも制
度面でも大きな変革が求められるでしょう。あるいは、変革しなければ持続可
能なシステムたりえないでしょう。どういう変革が必要か、どういう備えが必
要か、第3章以降で見ていくことにします。

5 Digitalization──デジタル化

ビジネスは手段の提供から、成果そのものの提供へ

　デジタル化は、社会や産業を大きく変えてきました。しかし、デジタル化がもたらす本格的なビジネスへのインパクトは、むしろこれからやってくると考えられます。それをもたらすのは、端的に言えば、いわゆるIoTのさらなる浸透です。他方、筆者らは、日本の経営者の認識を懸念しています。

　グローバル企業の経営者がIoTをどう捉えているかについて、『エコノミスト』の調査部門とアクセンチュアが共同で行った調査によれば、世界の経営者の7割近くが、市場の大変革が起き、競合企業が1年以内にビジネスモデルを大きく変えたり、市場環境を一変させたりするような製品・サービスを打ち出す可能性を念頭に置いています。ところが、同様の市場変革を見込んでいる日本の経営者は、2割弱にとどまっていました。

　その他の調査を合わせて考えると、日本の経営者は、「デジタル化はITやB2Cビジネスの業界だけが影響を受ける限定的なトレンド」と認識し、自動化などによる業務効率化や生産性向上程度の期待しか持っていない方が多いことが読み取れます。

　しかしIoTは単なるツールではなく、新しいビジネスを創出したり、産業構造を変えていくインパクトを持ち、「成果を売るビジネスモデル」への変革をもたらすものと考える必要があります。

　これまでの製品やサービスは、何かを実現するための手段でした。その手段を販売していたのです。しかし、これからは手段に対して対価をもらうのではなく、成果に対して対価をもらう。そうしたビジネスモデルへと変化していくことが考えられます。

　背景にあるのは、デジタル化そのものの本質です。デジタルとは、ラテン語の「指」「数えること」の意に由来している言葉です。『大辞泉』（小学館）によれば「連続的な量を、段階的に区切って数字で表すこと」と定義されていま

第2章　世の中のあり方が変わった

す。デジタルにおいて重要なことは、測れる、ということなのです。

　わかりやすく図11で解説しましょう。アナログの世界では、ご飯はせいぜい「並盛り」と「大盛り」くらいしかわかりませんでした。ところがデジタルになると、ご飯が1粒ずつ見えるようになります。個数がわかるだけではなく、甘さがどのくらいなのか、粘りがどのくらいなのか、すべて定量化できるのです。

図11　デジタル化の本質

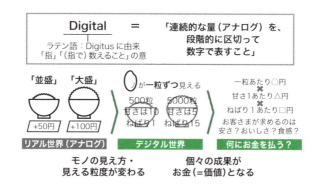

出所：アクセンチュア

　そうすると、自分が食べたいご飯は、並盛りか大盛りか、といった大くくりな話ではなく、こういう甘みでこういう粘りのあるものを何粒など、食べるに当たっての好みがクリアになるのです。

　モノの見え方、見える粒度が変わることによって、個々の成果がはっきりします。それこそが、価値なのです。これまでは、こうしたはっきりとした価値を評価することができなかったために、手段を売っていただけのことなのです。

　IoTの普及によって、顧客の望む成果やサービス提供効果の、より具体的な定量把握が可能になりました。それによってビジネスは手段の提供から、成果そのものの提供へと、大きく変化してきているのです。

5　Digitalization ──デジタル化

タイヤメーカーがタイヤを売らない!?

　デジタル化、IoTによって、すでにB2B、B2C双方において新しいビジネスモデルが生まれつつあります。

　例えばB2Bの実例として、世界的なタイヤメーカー、ミシュランの"PAY BY THE MILE（走行距離に応じた料金請求）"という新しいビジネスモデルが挙げられます。

　ミシュランが作っている商品はもちろんタイヤですが、ユーザーが求めているのは、タイヤそのものではありません。タイヤを使って「移動すること」、もっと言えば「快適に」「効率的に」「移動すること」です。そこで、ミシュランはタイヤを売るのではなく、タイヤを使って走った距離に課金するというビジネスモデルを作り上げました。

　タイヤメーカーとしての従来のミシュランは、タイヤを販売した後、顧客への細やかなフォローができないという課題を抱えていました。

　ユーザーの中には、タイヤの使い方が上手な顧客と、残念ながらそうではない顧客がいました。タイヤは早く交換すれば、その分性能が上がり、燃費も向上します。しかし、交換頻度を上げれば当然、タイヤへの投資が負担になります。

　最適な交換のタイミングや燃費の良い走行方法をアドバイスして、上手にタイヤを使ってもらいたくとも、販売した後は「うまく使ってください」と言うしかなかったのです。

　そこにやってきたのが、デジタルの波でした。タイヤとIoTの組み合わせです。タイヤにセンサーを埋め込み、利用状況を収集・分析することで、タイヤの摩耗具合や走り方をトレースできるようになったのです。IoTによって、顧客に的確なアドバイスができるようになりました。

　しかし、ミシュランが考えたのは、さらなるビジネスモデルの進化でした。単なる商品利用に関するアドバイスを提供するのではなく、ユーザーが求める「効率の良い移動」を提供し、その成果として走行距離に対して課金することとしたのです。

　ビジネスモデルが変わっただけではありませんでした。無駄なタイヤ交換が

63

第 2 章　世の中のあり方が変わった

なくなったり、交換すべきタイヤを交換することで無駄なエネルギーを使わなくなったりと、社会や環境にとってもプラスの効果も生んだのでした。

もう 1 つB2Bで、デジタルによってビジネスモデルを大きく変えた例が、GEのジェットエンジン事業です。GEはエンジンのメーカーであり、航空機メーカーにエンジンを納入し、その後の保守も請け負っていました。

しかし、GEは航空業界全体が抱えるフライト遅延の頻発という課題をどう防ぐかにビジネスチャンスを見出しました。遅延の4割は機体トラブルが原因で、これを解消すれば、航空会社のコスト削減効果は1兆4000億円にもなるとされていました。

エンジンメーカーの旧来事業は8兆円の市場。ところが、航空業界全体は89兆円もの巨大なマーケットです。その中の課題を改善するというところにフォーカスした方が、実はビジネスとしては魅力的だったのです。

これまでは販売後に細かなフォローをすることは簡単ではありませんでしたが、IoTによるセンシングやデータ解析機能により、最適な保全タイミングを見極めることが低コストでできるようになったのです。

結果的に、保全計画と一体化した最適な航空計画を立てる、というソリューションを提供できるようになりました。航空業界全体の課題に焦点を当てることで、航空機整備を含む運行計画策定支援まで行い、製造業からサービス事業への転身を遂げたのです。

B2Cでは、スペインで新しいビジネスモデルが話題になりました。

バルセロナのとある劇場の"PAY-PAR-LAUGH"です。笑った分だけ料金を支払うという仕組みです。

喜劇を見に行く顧客にとっての成果は笑うことです。そこで、座席の背もたれにカメラ付きタブレットを設置し、顔認証システムで観客の笑顔を検知してカウント。笑った分だけ料金を支払うというシステムを導入したのです。これが大きな話題となり、売り上げが25％もアップしました。

センサーさえ付けば、いろいろなものの成果が計測できるのがデジタル社会です。ウェアラブルは典型ですが、人が快適なのか不快なのか、健康なのか不健康なのか、といったセンシング技術を活用することで、手段ではなく成果を提供できるようなビジネスが、もはや可能なのです。

モノに魅力を感じない消費者

　こうしたデジタル時代の変化は、消費者も変えようとしています。その象徴的な動きが、製品・サービス自体に無関心な消費者層の登場です。モノの「所有」から「利用」へと表現される、ニーズの変化が確認されています。製品価値や購買体験ではなく、利用体験に価値を置き、成果が上がった場合には追加の費用負担もいとわない消費者も現れています。

　4つの国で行った調査があります。「買う前にいろいろなことを検討しますか」「買ったモノに興味・関心がありますか」という質問をしました。

　モノに関心があるから買っているのだろう、と想像してしまうのですが、意外にも「事前に検討しない」「買ったモノにあまり関心がない」と答える人がたくさんいることがわかりました（図12参照）。

図12　製品・サービスに対する消費者の関心

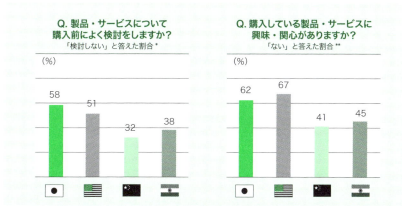

出所：アクセンチュアによる消費者調査（2015）

　購買体験や製品そのものに対してはあまり関心がないけれど、とりあえず買ってみる、という人が増えてきているということです。これまで以上にいろんな情報にリーチできるようになり、比較検討もしやすくなっていますが、逆に

第2章 世の中のあり方が変わった

図13 製品別「利用課金型サービス」の利用意向

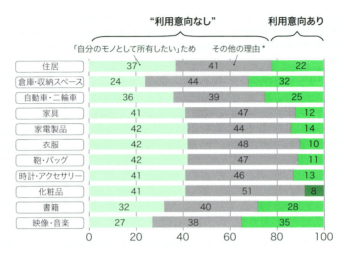

出所：アクセンチュアによる消費者調査（2016）

情報が多すぎて面倒になっているのでしょう。

　別の調査では、モノを「所有」するのではなく、必要な分だけ「利用」することを求める消費者がすでに相当数に上っていることがわかります。例えば自動車については、積極的に自分のモノとして持ちたいという人は全体の3分の1ほどになっています（図13参照）。メンテナンスや保険など面倒な付随サービスもすべて含んで、必要な時に移動の価値を提供してくれるカーシェアリングのビジネスが大きく伸びているのもなずけます。

　さらに、利用を通じて成果が上がった場合には追加の費用負担をしてもいい、という人も過半数を超えていることがわかります（図14参照）。最終的な目的がユーザーの利用体験だとすると、その利用体験をきちんと満たしてくれるなら、それに見合ったお金を払うということです。

　消費者もいくつかに分類されます。これまで消費者は、店頭に陳列された限られた商品の中から、自分の欲求に近しいものを選択し、購入していると言われてきました。いわゆる「真実の瞬間（Moment of Truth）」は、お店に入って3秒から7秒。この間に価値を見定めると考えられていました。

　ところが今は違います。とりわけ新興国がそうですが、多数の候補の中から

図14 利用の成果に対する追加料金の支払い意向

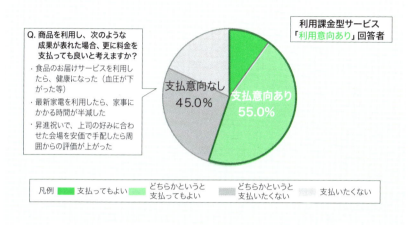

出所：アクセンチュアによる消費者調査（2016）

多様なチャネルで事前にリサーチして、自分の欲求に合致したものを購入します。合致しなければ購入しない。言葉を換えれば、来店前にはすでに価値判断を終えているということです。

　一方、先進国の消費者は一歩進んでいます。モノには無関心で、利用価値に重点を置くようになっています。購入体験自体には、価値を感じないのです。こうした「モノには無関心、利用価値に重きを置く消費者」にはどう向き合っていくべきなのでしょうか。筆者らはもはや2つしかないと考えています。1つは、徹底的に消費者の無関心に寄り添っていく戦略です。「ユーザーは無関心なままでいてくれていい、100歩こちらが先回りします」というビジネス。典型例がアマゾン（Amazon）です。AIを活用して個人の好みを覚え、何か足りなくなったら自動補充されるようなサービスが始まっています。多様なタッチポイントを通じて顧客の動向を幅広く収集し、購買の代行を進めているのです。定期的な自動発注で、消費者に比較検討の手間をかけさせず、素早い配達で必要な商品が必要な時期に手元に届くビジネスを確立させています。

　もう1つが、ニーズを創造すること。顧客体験そのもの、成果を売っていく。典型例の1つが、ナイキです。「新作の靴を買いませんか」と言ったところで、

もはや消費者は関心を示してくれない時代です。そこで、運動を楽しむという体験を提供し、自社製品に対するニーズを創造しているのです。

　例えば、GPSを利用してランニングのペースや距離、ルート、自己ベストなどのデータを記録・保管できるランニングアプリを配信。100種を超えるワークアウトやトレーナーの音声・映像ガイドを収録、プログラムがトレーニングスケジュールや目標を管理して適切なトレーニングメニューを構築してくれるトレーニングアプリもあります。さらにはSNSとの連携、友達との競争などが楽しめるサービスです。

　こうした取り組みを通じて、結果的に消費者にナイキの靴を買ってもらう、というビジネスを推し進めているのです。

パフォーマンスや顧客体験を軸に市場が再定義される

　デジタル化の進展による産業やビジネスへのインパクトと相まって、最終的にはこうした顧客体験、ビジネスパフォーマンスの価値提供を軸に市場や産業が再定義されていくことでしょう。モノやサービスを売る会社も顧客体験を創出、演出する"UX（ユーザーエクスペリエンス）コーディネーター"としてビジネスを完結できるようになりつつあります。

　食品小売は「調理や料理を楽しむ」、自動車は「目的地へ移動する」、教育は「学習成果を実践する」といった顧客体験を軸に市場が再定義され、新しい価値創造に基づく、規模が拡大した市場が作られるようになっていきます。

　では、こうしてビジネスパフォーマンスや顧客体験を軸に市場が再定義されるとしたとき、電力はどうなるのか。デジタルで、あるいは消費者マインドの変化で世の中のあり方が変わったとき、電力はどんな新たな市場に再定義されるのか、事業者は徹底的に問いかけ、リパワリングした電力市場で勝ち残るUtility3.0へと変化していかなければいけないのです。大きな変化はすぐそこに待ち構えています。

　こうした流れを受けて電力業界では今、「デジタル・ユーティリティ」という言葉がよく使われます。「デジタル・ユーティリティ」とは、デジタルを活用して電気事業の新しい姿を描き出していくことであり、これには2つの種類

5　Digitalization──デジタル化

図15　UX（ユーザーエクスペリエンス）を軸に再定義される市場

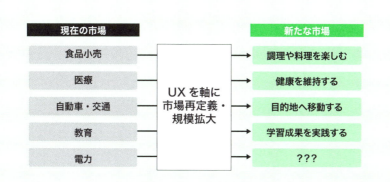

筆者作成

があります。

「旧来型のデジタル・ユーティリティ」は、既存のビジネスモデルを前提とした、業務効率化の推進です。デジタルアセットマネジメント、デジタルワークフォース、インテリジェントネットワークといった「旧来型のデジタル・ユーティリティ」は、既定の流れでしょう。

しかし時代はすでに「Utlity3.0時代におけるデジタル・ユーティリティ」を求めています。これは、業界の垣根を越えた、新しいビジネスモデル変革を推進するということであり、本書が指すデジタル化です。デジタルが社会や産業を大きく変えようとしている今、電力業界も新たな顧客価値の創造に向けてデジタルについてしっかり考えなければいけない。そんな空気が広がってきています。

では、何をすればいいのか。第3章で詳しく書いていきます。

69

第**3**章

ゲームチェンジ

Utility 3.0へのゲームチェンジがはじまった

　本書では自然独占・規制下にある垂直統合体制のエネルギー事業をUtility 1.0、2020年の電力会社の法的分離そして2022年のガス会社の法的分離後の

図16　Utility 3.0へのゲームチェンジで起こること

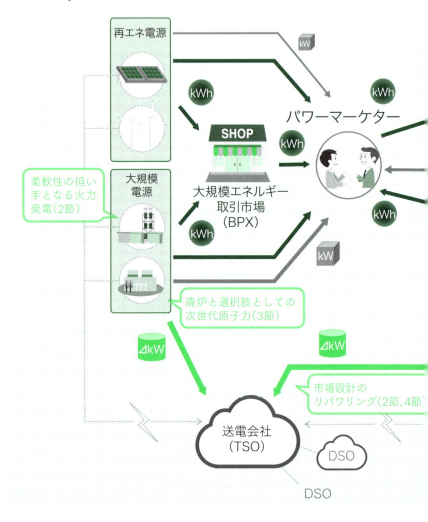

エネルギー事業をUtility 2.0と呼んでいます。しかしUtility 2.0は通過点に過ぎず、5つの変革ドライバーによって、さらにUtility 3.0への進化が求められるでしょう。そしてUtility 3.0へのゲームチェンジはすでに始まりつつあるのです。Utility 3.0で何が起きるかを、本章では詳細に解説していきます。

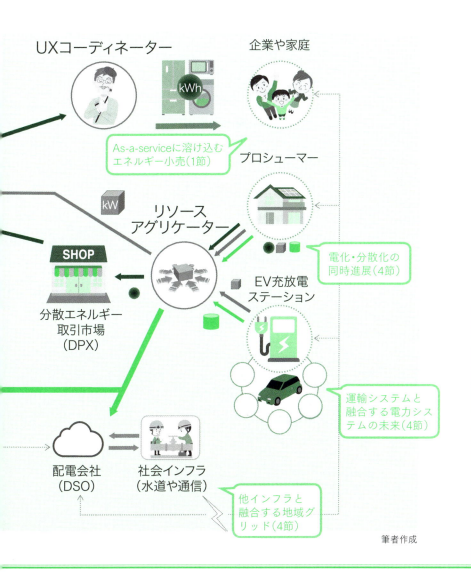

筆者作成

第3章　ゲームチェンジ

1 エネルギー小売業界の変革

エネルギー小売の消滅と再生が始まる

「エネルギー業界の小売が提供する価値」と聞いて、どんなイメージを持たれるでしょうか。太陽光発電などの環境にやさしい電力でできたグリーン電力といった「製品価値」やオンラインで便利に何かを調べられる、電話で手軽にサポートを受けられるといった「購買価値」を思い浮かべられるかもしれません。

　実のところ、最終的なエネルギーの「利用体験」そのものを、価値として訴求しているエネルギー業界のプレーヤーはいないのではないかと思われます。エネルギーとはそもそも何かの手段であり、エネルギーそのものの利用体験、顧客体験を想像することは難しいからです。

　自動車を運転する方はガソリンの購買体験はあっても、ガソリンの利用体験を意識してはいないでしょう。私たちが体験しているのは、ガソリン自動車を運転している体験であり、ガソリンを利用しているという意識はないからです。電気も同じです。テレビは多くの人が見ますが、テレビの視聴体験はあっても、電気の利用体験という認識はないのです。

　エネルギーの利用を想起してもらえる例外的な場面は、唯一、エネルギーが利用できなくなったときです。停電したり、災害により供給が途絶したりした場合に初めて、その存在に気づかされる。しかし、そうした特別な場合を除いて、エネルギーの顧客体験は実感しづらい、というのが現状です。

　第2章5節の「デジタル化」で触れたように、消費者は、購入ではなく利用、もっと言えば顧客体験に対してだけお金を払う、というトレンドになってきています。では、直接的な顧客体験を提供することができないエネルギー業界はどう動くべきか。筆者らは「エネルギー小売の消滅と再生」がキーワードになると考えています。

　これまでのエネルギー小売の姿は消滅します。その代わり、新しい小売のモデルが誕生するでしょう。

1 エネルギー小売業界の変革

先祖がえりする電力契約

　エネルギーの利用単位は、例えば、テレビや洗濯機などの家電、照明や給湯器などの住宅設備です。しかし契約単位は建物ごとというのが一般的です。
　電力やガスは建物単位で契約されているため、その利用明細は、基本的に建物単位のエネルギー利用しか明示されません。ユーザーが、どの機器でどれだけエネルギーを使っていて、どんな使い方をするともっと電気代やガス代を節約できるのかを知ることは今まではできませんでした。「エネルギーの見える化」サービスも立ち上がりつつありますが、市場として確立するには至っていません。
　海外の電力会社の中には、こうしたニーズに応え、スマートメーターのデータを解析し、主な家電や設備の電力使用量を推計、それぞれにかかった電気代を提示するサービスを提供するところも出始めました。図17は、米国大手電力会社ダイレクトエナジーのウェブサイトです。「家電製品単位でエネルギー利用が把握できます（Track Energy by Appliance）」とあり、右側の円グラフには、月額の電気料金133ドル9セントに加えて、空調、冷蔵庫、乾燥器、照明にそれぞれどれだけ電気代がかかったかが提示されています。スマートメーターのデータを使ったサービスなので、電気代以外の費用は発生しません。

図17　ダイレクトエナジー社の機器別電力使用量提示サービス

出所：ダイレクトエナジーのWebサイト

第3章　ゲームチェンジ

　エネルギーの利用単位は機器や設備であり、ユーザーは機器ごとにエネルギーの利用を管理したいと考えているにもかかわらず、エネルギーの契約があえて建物単位となっているのは、なぜでしょう。それは、機器の1つひとつにセンサーをつけてエネルギー使用量を計量し、機器ごとに課金すると、取引コストがとても高くついてしまうためです。従って、妥協の産物として、エネルギーの契約単位は、機器や設備ではなく、建物となっているのです。

　ところが、技術の進展によって、計量や課金にかかる費用が大きく下がり、ようやくエネルギーも機器や設備単位で取引できる時代がやってきつつあります。計量に必要な、センサーのコストが格段に安くなり、課金については、ブロックチェーンを活用したマイクロ決済などに注目が集まっています。例えば、カード会社であるVISAは、マイクロ決済のユースケースの1つとして、スマート照明を契約単位とした電力取引のコンセプト検証に着手しています（Higgins, 2016）。計量や課金にかかる費用を軽減することができれば、機器・設備を契約単位とする世界が実現する可能性は極めて高くなってきます。

　電気を利用する設備単位で課金するというと、突拍子のない話に聞こえるかもしれませんが、明治時代に日本の電気事業は、電灯1つひとつに課金していたのです。当時は、電力の使用量を測ることが難しかったため、電灯の個数に対して課金していました。これからは計量コストがどんどん下がり、建物単位ではなく、設備単位の計量、課金も容易に行えるようになります。電気事業は、巡り巡って、再び、設備単位での課金の時代に突入するのです。課金の先祖がえりと言ってもよいかもしれません。

　ただし、先祖がえりと言っても、設備単位の契約を実現するためには、いくつかのハードルがあります。例えば、計量法（法律）の緩和です。現在の計量法の下では、これら各機器のセンサーも取引に活用するのであれば、所定の検定が必要になってしまい、計量・課金のコスト低減の恩恵を得ることができません。これは電力ビジネスに限ったことではなく、モノのインターネット（IoT）全体に言えることと思われます。

　では、機器や設備単位で契約ができるようになると、どんなメリットがあるのでしょうか。これまで1つの契約ですんでいたものが、例えば単に30の契約に増えてしまうだけなのか。そうではありません。逆に、企業や家庭は、自

分自身で電力やガスを買わなくてもすむようになるのです。これはどういうことか、続いて説明しましょう。

顧客体験サービスに溶け込むエネルギー小売業

　アマゾン（Amazon）は、読書体験を提供するために電子書籍リーダーKindleを提供しています。いつでもどこでもアマゾンにアクセスできるように3G回線に接続できるモデルも販売しています。このモデルを買った消費者は、回線費用を支払う必要はありません。アマゾンが代わりに支払ってくれるのです。消費者はアマゾンから「快適な読書体験」そのものを購入し、その対価を支払えばよく、「快適な読書体験」に必要となる端末や通信回線など一切合財は、サービス提供の対価の中でアマゾンが手配してくれます。第2章5節「デジタル化」で触れたように、こうした顧客体験そのものを提供するサービスがどんどん増えていくでしょう。

　例えば、アマゾンと同じように、ネットフリックス（Netflix）のような動画配信プロバイダーが「快適な視聴体験」そのものを提供するようになり、テレビなどの端末や通信回線などを全部ひっくるめたサービスとして消費者は購入できるようになるかもしれません。洗濯機はどうでしょう。家電メーカーが洗濯機を無償で家に置かせてもらい、コインランドリーと同じように1回使ったらいくら、というサービスを提供するようになるかもしれません。さらに、全自動衣服折りたたみ機や家事代行サービスと組み合わせて、洗濯から収納までをエンド・ツー・エンドで代行する「いつも衣服を清潔な状態で収納する」サービスに発展するかもしれません。

　このとき、消費者は「快適な視聴体験」や「いつも衣服が清潔な状態で収納されている」ことそのものを購入し、家電や設備、そしてそれを動かすエネルギーなど一切合財は、サービス事業者から提供されることでしょう。もはや電力やガスなどのエネルギーという手段を消費者は購入する必要がなくなり、「快適な読書体験」や「快適な視聴体験」「いつも衣服が清潔な状態で収納されている」といった顧客体験そのものを購入すればすむようになるのです。

　手段を買わずに、顧客体験＝成果を購入するようになるというは企業も同

じです。会社のオフィスも大きく変わっていくでしょう。例えば、空調。すで
に室内の温度や湿度を自動的に感知する（センシング）技術が出てきています
が、そもそもユーザーが求めているのは、室温や湿度ではなく、仕事に集中し
て能力を発揮できる快適な室内環境です。室温が何度かということではなく、
オフィスで働く人の生産性そのものが、本当の成果なのです。

　こう考えると、各人の体温や汗のかき具合を計測するウェアラブル技術を使
って、オフィスで働く人々の生産性が最大化するように、空調がコントロール
されるようになるでしょう。不快に感じている人を察知して、すみやかに温度
や湿度を変えていく。これまで賃貸オフィスを提供してきた不動産会社は、手
段としてのオフィスを提供するのではなく、テナントの快適性や生産性といっ
たビジネスパフォーマンスそのものを提供する会社に転身するかもしれません。

　また、空調メーカーが、手段としての空調機器を提供するのではなく、快適
性や生産性といった成果を提供するようになり、不動産会社と競合したり、協
業したりするようになる世界も考えられます。もちろんテナントが購入するの
は、快適性や生産性といった成果そのものであり、現在のように手段としての
電気代を別途請求されるといったことはありません。

AIに仕事を奪われる小売電気事業

　顧客体験やビジネスパフォーマンスを提供するサービスの中に電力やガスが
取り込まれていくと、結果として電力会社は、企業や家庭ではなく、サービス
事業者に電気を販売することになります。顧客体験やビジネスパフォーマンス
を提供するサービス事業者を「UX（ユーザーエクスペリエンス）コーディネ
ーター」と呼ぶとすると、小売電気事業者は、このUXコーディネーターに対
するB2B2BやB2B2Cのビジネスモデルに変化します（もちろん小売電気事業
者自らがUXコーディネーターに転身することもありえます）。UXコーディネ
ーターに対する電力の販売は、これまでの電力小売事業よりもずっとシンプル
なものになるでしょう。契約単位が設備や機器になる結果、電力の利用特性が
よりクリアになり、電力の調達が容易になるためです。

　例えば、冷蔵庫向けの電力契約を考えてみます。冷蔵庫は、朝夜を問わず、

ずっと冷蔵、冷凍を続けます。電気もずっと同じ量を使い続けます（デフロスト（霜の除去）のタイミングでは少し多めに電力を使いますが）。このように一定量の電力を使い続ける機器は、安価に電気を調達することができます。実際、半導体工場や冷凍倉庫など、同じ量の電気を使い続ける建物は、今でもとても安い価格で電気を購入しています。

一方で、食器洗浄機のように一時的に大きく電気を使う機器もあります。こうした家電や設備は、電気代が安い時間帯に食器を洗う時間をうまく調整することで、電気代を節約することができます。

太陽光発電が発電する昼間に電気が余るようになれば、小売電気事業者は、食器洗浄機を活用したサービスを提供するUXコーディネーターに対して、この電気が余る時間帯に特化した超割安な電気料金メニューを提供するなどが考えられます。また、次の節で説明する調整力（⊿kW）を食器洗浄機が提供し、逆に食器洗浄機をマネジメントするUXコーディネーターがその対価を得るということも考えられます。

以上のように、電力の契約単位が設備単位になり、顧客が企業や消費者ではなくUXコーディネーターになることで、小売電気事業者を取り巻く事業環境は大きく変化するわけですが、変化はこれだけで終わりません。AIをはじめとするデジタル技術が小売電気事業者の存在意義そのものを脅かすようになるでしょう。

発電会社は電気を作る対価を受け取り、送配電会社は電気を送る対価を受け取ります。では、小売電気事業者は何の対価を受け取っているのでしょうか。

小売電気事業者がいなかった場合、企業や消費者は、直接、発電会社から電気を買うことになります。電気は貯めることができませんから、発電会社の観点からは、発電した電気を全量買い取ってもらえるように顧客を探すことになります。ところが、発電会社は、発電所の稼働が最適になるように発電しようとしますから、自社の発電にぴったりの顧客を探すことは容易ではありません。

一方、企業や消費者からしても、前述したように建物単位で電気を買っているため、いろいろな利用特性を持った設備群に対応した複数電源を組み合わせて購入しなければなりません。企業や消費者がそれぞれ発電会社と交渉して電力を調達するというのは現実的ではないので、複数の発電会社と複数の企業、

第 3 章　ゲームチェンジ

消費者をつなぐ小売電気事業者が必要となってきます。

　ところが、電力の契約が設備単位となり、電力の購入主体がUXコーディネーターとなると、小売電気事業者の必要性が低下します。例えば、冷蔵庫を活用したUXコーディネーターの場合、前述のように電力の利用は常時一定ですから、例えば、石炭火力や原子力火力などベース電源と呼ばれる電源を運営している発電会社と直接契約し、必要な電気を調達することが可能です。発電会社の観点からも、個々の家庭と契約するのではなく、各家庭に置いてある冷蔵庫を束ねるUXコーディネーターと契約すればすむのですから、間に小売電気事業者を入れる必要はありません。

　では、小売電気事業者はお払い箱になってしまうのでしょうか。いや、そうではありません。小売電気事業者は、もう1つ、別の重要な役割を果たします。再エネ電源が一定比率を占める将来の電気市場においても、電力価格は一定の値段が付き、しかも市場価格は天候や燃料価格によって変動します。多少リスクがあってもとにかく安い電気代を狙いたいという企業や消費者もいるでしょうし、逆に、多少電気代が割高になったとしても電気代が上振れ、下振れするリスクをなくしたいという企業や消費者もいるでしょう。今の日本では少し考えにくいかもしれませんが、電力の卸市場で扱われる電力の取引量が多くなり、いわゆる市場価格が確立すると、この市場価格に連動した電気料金メニューなどが登場します。住宅ローンをイメージするとわかりやすいかもしれません。

　市場金利に対して、35年の固定金利を求める人はフラット35を購入するでしょうし、低金利のメリットを最大限に活かしたいという人は短期の借り換えで対応しようとするでしょう（一方で金利上昇のリスクを負うわけです）。自由化が先行した欧米諸国の一部では、小売電気事業者が、企業に対してコンサルテーションを行い、個々の企業が持つリスク特性に応じた最適な電気料金メニューを提供しています。フィナンシャルプランナーが企業や消費者にコンサルテーションを行い、資産運用のアドバイスをしているのと同じようなサービスを、電力という商品について小売電気事業者が行っているのです。

　ここまでの説明で、電力小売というビジネスが金融ビジネスにとても似ていると思いませんでしたか。そうなると続いて、「金融業界のこれまでの常識を覆そうとしているフィンテック（ファイナンス関連のIT技術）が電力業界でも

通用するのではないか」と思われるのではないでしょうか。答えはイエスです。ロボアドバイザー[29]が提示するいくつかの質問に答えることで、企業は自身で明確に認識していないリスク特性を明らかにすることができ、このリスク特性に応じた電力調達を自動的に行うサービスが登場するでしょう。旧来の小売電気事業者は、この電力版ロボアドバイザーサービスに置換され、電力購入者であるUXコーディネーターは、より安価で便利な電力調達が可能となります。このように旧来の小売電気事業者は姿を消し、フィンテックを駆使する新たな小売電気事業者の登場が予想されますが、これ以外にも、新たな小売電気事業者のビジネスモデルを想定することができます。2つの新しい小売電気事業者のビジネスモデルアイデアを紹介しましょう。

電力のローミングサービス

　パナソニックは電力会社よりも数百倍高く電気を売ることに成功しています、というとほとんどの方は耳を疑うでしょう。しかしウソではありません。パナソニックは、乾電池という形態で電気を電力会社よりもずっと高く売っているのです。

　電気の購入単位は1kWhで表現します。電力会社の電気代は、1kWhあたり高くてもせいぜい30円前後。1500Wのドライヤーを1時間使い続けると45円の電気代がかかります。同じドライヤーを乾電池で動かそうとするとどうなるか。なんと、1万円以上もかかります[30]。

　電力会社からすれば、電気を30円で買ってもらおうと努力している中で、電池に入っている電気は1万円以上で売れるわけです。もちろん電池には製造コストなどがいろいろとかかっているわけですが、どうしてユーザーは本来割に合わない電気代を払ってでも電池を買うのでしょう。答えはシンプルで、必要だからです。コンセントに差し込んで使うことができない電気製品があるためです。モバイル端末やラジコンなどのおもちゃ、普段身に着ける時計などのウェアラブル製品など、常時コンセントに差し込んでおくことができない電気製品に私たちは囲まれて生活しています。私たちは、乾電池を通じて、コンセントに差し込まなくても電気製品を使える「モビリティ」を購入しているので

す。ユーザーは必要があれば数百倍高くても電気を買うのです。

もう１つ、電力会社よりも高く電気を売っているケースを紹介しましょう。街中のカフェです。コーヒーを飲みたいわけでもないけれど、パソコンの充電をしながら仕事がしたいので、コンセント付きの店を選んで入った、という経験を持つ人は少なくないでしょう。この場合、私たちが払うお金は、コーヒーの対価ではなく、本当は電気の対価です。名目上コーヒー代として支払った350円の電気代、これも自宅で電力会社から電気を買った場合と比べると、とてつもなく割高な電気を買っていることになります。それでも350円を支払うのは、自宅ではなく「今ここで」電気を使いたいからです。

このように、電力に「モビリティ」という価値を載せることで、小売電気事業者は、新しい顧客価値を提供できるかもしれません。街中に非接触充電のインフラを整備したり、モバイル端末向けに認証・課金を可能とするスマートプラグを提供したりする、モバイル電力の提供に必要な新しい仕組みづくりが期待されます。いつの日か、モバイル電力を提供する複数の事業者をまたいだモバイル電力のローミングサービスのようなものが登場するかもしれません。

マシーン同士が安い電気の使い方を話し合う

小売電気事業者の未来のビジネスモデルとして、もう１つ、M2M電力プロ[31]バイダービジネスを紹介しましょう。

近年、ドローンの未来が注目されています。物流のラストワンマイルとして、自動的にモノを運んでくれる可能性がよく語られますが、ドローンへの電力供給についても興味深い話があります。ドローンにスマートコントラクトを搭載し、あちこちの機器とM2Mで会話をしてもらうのです。そして、最も安い、ないしは、空いている充電場所に勝手に着陸し、勝手に充電する。そんなことが可能になるだろうと考えられています。機器と機器の間で、契約条件と目的に合致するよう、最適な状況をコミュニケーションしてくれるということです（山崎大輔、2016）。

同じようにスマートコントラクトの技術を活用すれば、家の中でも機器と機器の間で自動的なコミュニケーションが可能になります。例えば、洗濯機。洗

剤がなくなった、ということになれば、勝手にマシーンが自動補充で注文してくれる、という世界はもう遠くありません。

IBMとサムスンが概念実証を進めている「ADEPT」の中で、ブロックチェーンを活用してM2Mでコミュニケーションする冷蔵庫がユースケースとして取り上げられています（IBM、2015）。電力会社から「今、電気が高いから、ちょっと我慢してくれると100円儲かるよ」という情報が入ってきたとき、この洗濯機がテレビに話しかけて、「お前、ちょっとテレビを我慢できないかな」と聞く。そうすると、テレビは自動的に考えます。「これまでのオーナーの視聴経験からすると、この時間帯はこの番組を見るはずだから、今、私は電気は落とせないな」と。そうすると洗濯機は、「わかった。じゃあ、私が電気代が安い時間帯に洗濯するね」と答える。こんな会話をマシーン同士がしていって、電気代を安くしてくれるといった世界が現実のものになるのです。

AIが浸透し、それぞれの機器ごとに、さまざまなリファレンスを学習し、スーパーパーソナライズされていきます。しかも、機器は相互に会話して、最も効率の良い、最適な状況を導き出してくれるのです。使用していない機器のコンセントをわざわざ抜いたりして、ささやかな節電に挑んだりするようなことはもうなくなるでしょう。

こうした電力取引を最適化するというM2Mの仕組み（アルゴリズム）は誰が提供するのでしょうか。もちろん洗濯機や冷蔵庫を組み込んだサービスを提供するUXコーディネーター自身がこの仕組みを開発することも可能でしょう。ただし、電気をどのタイミングでどのような条件で市場から調達するのが最適かということを踏まえた上での仕組みづくりが求められますから、ここは未来の小売電気事業者の出番となるかもしれません。

家計から「電気代」が消える日

電気代の多くは、UXコーディネーターが提供する各種サービスの中に織り込まれるようになり、結果として、家計から「電気代」が消える日がくることになるはずです。電気代として払わない、と言い換えてもいいかもしれません。カーシェアリングで、ガソリン代を払うことなく、カーシェアリング代だけを

払っているように、電気も別の費用に組み込まれていくのです。

　それどころか、家計は電気を通じて収益の機会を得ることもできるようになるでしょう。米国のカリフォルニア州などでは一般的になっている、屋根を太陽光発電事業者に貸して対価を得るようなビジネスなど、さまざまなビジネスモデルの登場が予想されます。

　一方、そう遠くない未来に、電力会社からは小売がなくなるでしょう。送電・配電は残りますし、従来型の大規模な発電所も分散型電源の調整力としての役割もあるので、必要とされます。しかし、ビルや住宅に電気を届けるという従来の電力会社の小売はその役目を終え、顧客体験やビジネスパフォーマンスを提供するUXコーディネーターがその役割を担います。もちろん現在の小売電気事業者がこのUXコーディネーターを目指すこともできます。

　一方、フィンテックを駆使し、UXコーディネーターと電力市場をつなぐ新たな小売電気事業者を目指すのも1つの考えです。続く節で説明しますが、大規模電源を売り手とする大規模電力市場と分散型電源を売り手とする分散型電源市場を対象とした新しいパワーマーケターになると言うこともできます。また、モバイル電力やM2M電力といった新しいコンセプトにチャレンジするのも1つの選択でしょう。

　いずれにしても、現在の小売電気事業者に求められることは、これまでの電力小売の発想そのものを変えることです。ビルや住宅に電気を届けて終わりではなく、新しい顧客体験を設計できるかどうか。いろんな機器や人向けに個別に電気を作る発想ができるかどうか。まったく違う小売の世界が広がっていく中で、大きな発想転換が求められてきます。さらには、顧客により近い立場にある他業界のプレーヤーには大きな事業機会が眼前に広がっています。電気の商品特性を踏まえつつも、電気のルールにビジネスを合わせるのではなく、顧客のニーズに電気を引き寄せていく、そのような役割が期待されます。

　さて、このような形で電気の買い方・使い方は大きく変わる可能性があります。一方で電気を作り、送る事業についてはどのような変化が求められ、課題があるのか、次節以降で語っていきます。

2 「限界費用ゼロ」時代の発電ビジネス

2 「限界費用ゼロ」時代の発電ビジネス

　第2章4節で述べた通り、2010年代に入り、ドイツ、英国、米国のテキサス州などで、将来の電源不足への懸念が高まりました。この直接の背景には、改革前に蓄積した設備の厚みが減少したこと、政策補助を受けて大量導入された再生可能エネルギー、すなわち分散型電源（DER）が、火力発電所を中心とした従来型の大規模系統電源（BER）の市場を奪い、採算を悪化させたことなどがあります。しかし根本には、自由化後の制度設計が前出の電気固有の商品特性を十分に踏まえたものになっていなかったことが指摘できるでしょう。

　電気には、①貯蔵が難しく、需要と同量の供給が常に行われている必要がある（同時同量の制約）、②需給のバランスが崩れた時の社会的影響が大きい、という固有の商品特性があります。[32] そのために、発電設備のアデカシーを確保することが非常に重要なのですが、現在の電力市場設計ではアデカシーを確保することが難しいのも、これら商品特性に起因します。まず、そのメカニズムを見ていきます。

電力市場（kWh市場）における限界費用価格形成

　では、これらの特質は何をもたらすのでしょうか。まず、「貯蔵が難しいこと」から、電力市場の最終製品であるkWhの価格は、限界費用（P148注5参照）により形成されるようになります。メカニズムは以下になります。

　需要と同量の供給が常に必要とされる技術面の制約から、変化する電力需要に対して、同量の電源が稼働し、発電したkWhは即消費されます。つまり、需要と供給の関係が常に変化するため、市場価格も時間帯によって変動します。稼働する電源は、利用可能なものを売値の安いものから順番に、需要と供給が一致するところまでになります。

　これが、電力市場における価格形成の基本です。なお、基本的に市場では、電気事業の最終製品であるkWhが取引されます。これは、自動車市場と言えば、

85

第3章 ゲームチェンジ

自動車産業の最終製品である自動車を取引する市場を指すのと意味合いは同じですが、これ以降、kWh以外の価値を取引する市場も論じるので、今後電力市場をkWh市場と呼びます。

図18で説明します。右下がりの曲線Dxが時間帯ごとの需要曲線で、D1がピーク時間帯（例：夏の午後）のもの、D2がオフピーク時間帯（例：深夜）のものです。

右上がりの階段状の曲線Sが供給曲線であり、利用可能な電源BER1～BER6を、kWhの売値が安い順に並べたものです。これをメリットオーダーと呼びます。この供給曲線Sと需要曲線Dxの交点で、その時間帯のkWhの供給量（＝需要量）と市場価格が決まります。市場価格は、その時間帯に発電したBERの売値のうち、最も高いものになります。図18で、需要曲線D1（ピーク時間帯）では、価格はP1、供給量はQ1となり、需要曲線D2（オフピーク時間帯）では、価格はP2、供給量はQ2となります。

図18　kWh市場における固定費回収原資

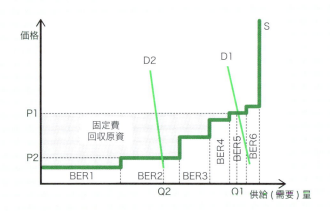

筆者作成

上述の通り、kWhは生産されたものが即消費されるので、生産者から見ると、消費される瞬間にBERが稼働していないと収入はありません。図18で、D＝

D2の場合は、BER1、BER2が稼働して収入を得ますが、BER3 ～ BER6は稼働しないということを示していますので収入はありません。D＝D1の場合は、BER1 ～ BER5は稼働して収入を得ますが、BER6は稼働しないことが読み取れ、そこでの収入はありません。こうした環境の下では、売値に固定費を加算して発電の機会、すなわち収入を得る機会を逃すよりは、限界費用より少しでも高い価格で売れるならば発電した方がましだと考えがちです。BERの販売者がそのように考えれば、固定費の回収を考慮せずに、限界費用で売値を提示することになります。その場合、図18の供給曲線Sは各BERの限界費用が安い順に並んだものになります。

顕在化するミッシングマネー問題

　その結果、BERは固定費を回収する原資を、市場価格（その時間帯に発電したBERの限界費用のうち、最も高いもの）と自己の限界費用との差分に期待することになります。図18にグレーの網掛けがありますが、これがP＝P1の時に各BERが得る利益で、これが固定費を回収する原資となります。しかし、ピーク時間帯であっても、稼働していないBER6、稼働しているものの自己の限界費用とkWh市場価格が一致しているBER5は、固定費回収の原資を得ることはできません。

　このように、電気事業に市場原理を導入すると、BERのkWh市場への売値は、固定費を考慮しない限界費用によるものになります。市場に限界費用で売値を提示することは、経済学の教科書の上では、利益を最大化する行動とされますが、実体経済で企業がこのようにふるまうことは、固定費の回収が難しくなるので、ほとんどありません。BERの販売者がこのように行動するのは、まさに、貯蔵が難しく、製造したものを在庫しておいて後で売ることができない、電気の商品特性によります。[34]

　市場原理導入の結果、BER（の少なくとも一部）は、kWh市場からの収入だけでは、固定費を回収するための十分な原資が得られないことになります。この問題をミッシングマネー問題といいます。[35]ミッシングマネー問題が発生すると、電力システムは、発電設備のアデカシーを維持することが難しくなります。

過少になる大規模電源への投資

　市場に委ねるだけ（正確に言えば、kWh市場の需給調整機能に期待するだけ）では、発電設備のアデカシーを維持することが難しいことを、別の視点から説明します。

　ある年において、発電設備のアデカシーを確保するためのBERの所要量を考えます。年間の最大需要電力の想定値が決まれば、社会的に最適なBERの量も一義的に決まります。図19の横軸は設備率、つまり確保されるBERの、最大需要電力の想定値に対する冗長度、つまり発電設備の余裕の割合です。

図19　静的な最適設備率

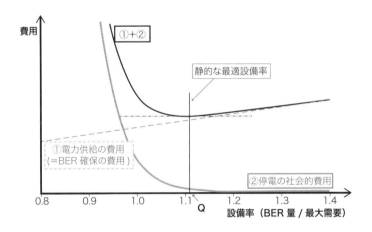

筆者作成

　例えば設備率1.2とは、BERの設備量が、最大需要に対して20%の冗長度（余裕）を持っていることを意味します。ただし、横軸の目盛は理解しやすさのために付したイメージであるので、数字の水準自体に意味はありません。

　グレーの右上がりの破線は、電力供給のためのBERを確保する費用（①）です。おおむねBERの固定費を示しており、BERが同一の発電技術であると仮定

2 「限界費用ゼロ」時代の発電ビジネス

すれば直線になります。グレーの右下がりの実線（曲線）は、停電の社会的費用（②）です。電気は需要と供給が常に一致していないと供給を維持することができないので、需要が供給を上回った場合は、部分的であれ強制的な停電を行う必要があり、これに伴う損失を示します。設備率が1を超えて高くなるに伴い、停電の確率は急速に低下し、ゼロに近づき（ただしゼロにはならない）ます。

黒い実線（下に凸の曲線）は、①と②の合計です。電力供給に伴う社会的費用の総額と言うこともできます。①と②の合計が最小となるところが、社会的に最適な設備率を示しています。それが、Qの地点です。すなわち想定された最大需要×Qが最適なBERの量となります。ただし、この結果は「静的な」最適、つまり電力需要に不確実性がないことが前提の最適値です。

現実には、電力需要の想定には不確実性があります（不確実性を考慮することを「動的」と表現しました）。実績が出てみたら「設備量が過大だった」（右側）ということも、「過少だった」（左側）ということもあり得ます。図20にグリーンで書き込んだ図形が、その確率分布のイメージです。

図20 動的な最適設備率

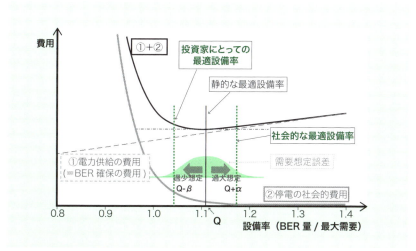

筆者作成

ここで、①＋②のグラフの形状が、Qを挟んで左右非対称であることに着目ください。Qから同じ幅振れても、左側に振れた方が社会的費用の増加が大きくなります。つまり、動的に考えると、Qよりも多めに設備を確保して停電のリスクを下げることが、社会的には最適です。他方、これを投資家の目線で見ると、設備が多いこと＝投資回収リスクが高まることであり、Qよりも設備を少なめにする方が、むしろ利益が最大化されます[36]。

　すなわち、動的に考えると「社会的に最適な設備率＞投資家にとっての最適設備率」です。市場に任せても、社会が求めるアデカシーは実現しません（詳細は（電力改革研究会、2016））。

分散化が価格破壊を起こす

　ここまで、5つのDの中の自由化、すなわち電力システム改革は、供給信頼度の確保、特に発電設備のアデカシー確保の点で問題を抱えていることを示しました。そして、もうひとつのDである分散化は、kWh市場の価格形成に大きな影響を与え、その影響は、アデカシー確保の問題を深刻化させます。

　図21は、そのメカニズムを説明したもので、DER（分散型電源）は主として太陽光発電（PV）を指します。この図は、デュレーションカーブあるいは持続曲線と呼ばれるもので、時々刻々と変化する電力需要の1年8760時間分を、数値の大きい順に並べたものです。大きい順なので、当然に右下がりの曲線になります。グリーンの破線が元々の電力需要のカーブ（DER 0%）を示しています。ここにDERが導入されると、優先的に給電されます。これは、優先給電がルール化されているからではなく、DERは限界費用がゼロなので、優先的に活用することが経済合理的だからです。

　グレーの網掛けされた面積が、DERが供給するkWhを示します。それを差し引いた黒い実線が、BERが供給する需要のデュレーションカーブで、残余需要（Residual Demand）のデュレーションカーブと呼びます。残余需要とは、需要全体からPVの発電量を引いたもので、カーブの下の白い部分の面積が、BERが供給するkWhです。黒い実線はDERのシェアが30%となったときのイメ

2 「限界費用ゼロ」時代の発電ビジネス

図21 分散化によるデュレーションカーブの変化

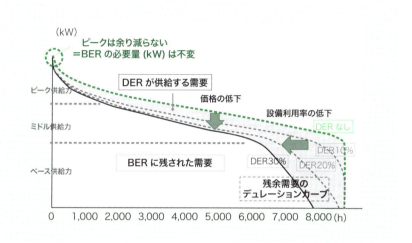

筆者作成

ージです。

　グリーンと黒のデュレーションカーブを比較すると、ピークの高さは大きくは変わりません。これは、分散化が進展しても、DERにアデカシー確保のための貢献はほとんど期待できず、BERの所要量があまり変わらないことを示しています。日本の電力需要のピークは、北海道以外は、通常、夏の暑い日の午後3時頃に発生します。これは、PVが多く発電する時間帯でもあり、PV導入の初期段階では、PVは発電設備のアデカシー確保に貢献し、BERを代替する効果があります。しかし、一定量導入されると、残余需要のピークが、PVが発電しない夕方以降に移ってしまうため、BERを代替する効果はこの段階でなくなります。[37]

　その上で、図21の中に太い矢印を2つ示していますが、BERが供給する需要は、グリーンのカーブから黒のカーブへ左下にシフトしています。左にシフトするということは、設備利用率が低下していること、すなわちkWhを販売する機会が減少していることを示します。下にシフトすることは、各時間帯において、BERから見た需要が減少していること、すなわち各時間帯において需給が緩み、kWhの市場価格が低下していることを示します。[38]

91

第 3 章　ゲームチェンジ

　以上から、分散化が進展すると、BERは、設備の所要量は変わらないにもかかわらず、kWhを売る機会が減り、売る価格も下がります。つまり、kWh市場からの収入に依存するだけでは、存続が難しくなります。これは、アデカシー確保の問題が深刻化することを意味します。すなわち発電設備のアデカシーを維持し、電力システムを持続可能とするために、電力市場設計の改革（リパワリング）が必要となります。

発電所が提供している価値は3つある

　それでは、どのようなリパワリングが必要なのでしょうか。現在、電力市場の中心は、kWh市場、すなわち「照明を点灯させたり、冷房のための冷気を製造したりするエネルギーの価値」を取引する市場です。しかし、BERが提供している価値はエネルギー（kWh）だけではありません。具体的には、次の3つになります。

　① エネルギーとしての電気の価値（kWh価値）
　② kWhを需要に応じて入手するための設備を確保する価値（kW価値）
　③ 需給の変動を柔軟にフォローし、kWhの品質（周波数・電圧等）を維持する価値（⊿kW価値、あるいはフレキシビリティの価値）

　②と③について、もう少し説明します。
　電気は需要と同量の供給が常に必要（同時同量）、つまり在庫が効かないので、電気を使いたいときに備えて、その「使いたい量に匹敵する発電所を発電できる状態で確保しておくこと」にはコールオプションの価値があります。これをkW価値と呼んでいます。天候に発電が左右されるDERにはkW価値を提供することはできません。図21でいえば、デュレーションカーブの面積がkWh価値を示します。DERが増えれば、BERが提供していたkWh価値がどんどん代替されます。対して、デュレーションカーブの高さは、最も需要が大きい時に備えて必要な設備の量、すなわちkW価値を表します。DERが増えても、残余需要のデュレーションカーブの高さは変わりません。DERは、kW価値を提供する

点ではBERを代替できないからです。

　デュレーションカーブは、30分ごと（または1時間ごと）の需要を1年分大きい順に並べたものです。30分ごとの需要とは、その間に消費されたkWhのことです。30分の間一定に消費されるわけではなく、30分の間でも変動しています。私たち1人ひとりが電気機器のスイッチをランダムに入れたり切ったりしていることを思い浮かべれば、イメージできるでしょう。多数の需要が集まれば変動はならされますが、完全に均等になるわけではありません。図22がそのイメージで図中の点線のように、電気の需要は時々刻々変動していますが、電気が持つ同時同量の制約は、このごく短い需要の変動にも及びます。この変動もフォローしないと、電気の品質（周波数・電圧等）が維持できず、電力システムが安定しません。この調整は、それぞれの電力システムの単一の送電系統運用者（TSO：Transmission System Operator）が行います。

図22　kWh価値、kW価値、⊿kW価値のイメージ

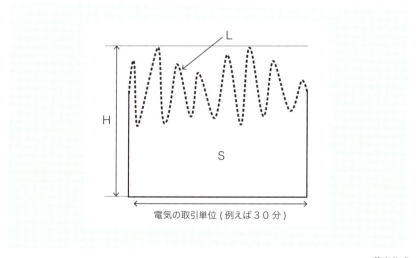

筆者作成
※ kWh価値＝ 面積S、kW 価値＝ 高さH、⊿kW 価値＝ 点線の長さL。

　調整は、電気の需給バランスが変動すると、電力系統の周波数が基準値（日本の場合、50Hzまたは60Hz）を挟んで上下するので、これを手掛かりに行い

第3章　ゲームチェンジ

ます（TSOが各瞬間の電力消費量を計測しているわけではありません）。すなわち、

- 需要＞供給のとき→周波数が基準値を下回る→BERに出力増を指令
- 需要＜供給のとき→周波数が基準値を上回る→BERの出力減を指令

とすることにより、周波数を基準値から逸脱しないように調整します（周波数調整）。この調整のためには、BERの中でも柔軟に出力を上げ下げできるものが必要です（柔軟に上げ下げできる需要も活用できます）。つまり、そのような柔軟性にも価値があります。これを⊿kW価値と呼び、BERが提供してきた価値の1つですが、これもDERには提供できません。

　kW価値や⊿kW価値を取引する市場は、今でも存在します。kW価値を取引する仕組みは、容量メカニズムと呼ばれます。米国東部の電力市場では20年ほど前から導入されており、最近、欧州でも導入事例があります。⊿kW価値を取引する仕組みは、アンシラリーサービス市場[39]と呼ばれます。これは、発送電分離を行えば、送電系統の維持に責任を負うTSOが電圧や周波数を調整するために、何かしら構築しなければならない仕組みなので、ほぼどの電力市場でも存在すると考えてよいでしょう。ただし、いずれも現状では、kWh市場の補助的な位置づけにとどまっています。

　抽象的な言い方になりますが、今後はこれらの市場をkWh市場と同等以上のメジャーな市場にしていくことが必要です。それは次の理由によります。

　第1に、kWh中心の市場構造では、BERが退出してしまうからです。kWh価値は高い競争力（＝限界費用ゼロ）で供給できるが、kW価値や⊿kW価値を提供することができないDERが大量に導入されることにより、市場では、kWh価値が潤沢になって価格が低下する一方、kW価値や⊿kW価値が稀少となります。ところが、市場に、その稀少なkW価値や⊿kW価値が適切に評価される仕組みがないと、当面これらの供給源であるBERが市場から淘汰されてしまい、電力システムの維持が難しくなります。

　第2に、kW価値や⊿kW価値はただ乗りされやすいからです。kWh価値は、個々の需要家が、テレビを見たり、照明を点けたりして消費する価値です。対

94

して、kW価値と⊿kW価値は、電力システムの安定性が維持される価値で、需要家が個々に消費するものではありません。公共財的な性格（非排除性）を持っており、対価を払っているかどうかにかかわらず、同じ電力システムに接続していれば、同じようにメリットを受けることができます。つまり、ただ乗りができます。kW価値や⊿kW価値の市場を整備することは、ただ乗りを防いで、公平な競争環境を整備することなのです。

第3に、これは2点目と関連しますが、社会的厚生を改善します。2点目で述べた通り、必要なkW価値と⊿kW価値が確保されて、電力システムが安定しているメリットは、その価値の対価を負担していない人にも及ぶので、経済学の教科書でいう「外部経済」に該当します。kW価値、⊿kW価値を適切にマネタイズすることは、その外部経済を内部化することになるので、社会的厚生は改善することになります。

なお、kW価値の市場、すなわち容量メカニズムについては、理論経済学者を中心に、導入は不要であり、kWh市場の市場機能を十分に発揮させれば、アデカシーは確保できる、との主張も存在しますが、潤沢なkWhの時代を想定するなら、導入は必然と考えます（詳細は（電力改革研究会、2017））。

他方、kW価値や⊿kW価値の市場には課題もあります。

kWh価値は、

・個々の需要家が必要量を判断すればよい
・均質な価値である
・電力量計を設置すれば計測・モニタリングが容易にできる

という特徴を持つのに対して、kW価値及び⊿kW価値は、

・これらの価値のメリット（電力システムの安定）は公共財なので、個々の消費者が必要量を判断できず、システム全体として必要量を判断する基準が必要である
・価値を提供する能力が均質でなく多様であるので、上記の必要量の判断にあ

第3章　ゲームチェンジ

たって、質を事前に評価する基準が必要である

・kW価値──コールオプション提供の確実性（つまりは故障の頻度）

・⊿kW価値──需要の変動に反応する迅速さ、反応後の持続時間など

・上記の質が実際の運用の段階で発揮されたかどうか、モニタリングする方法・基準が必要である。発揮しなかった場合はペナルティを設定する必要がある。

といった制度設計上の課題があります[40]。そのためこれらの市場設計は、現在も試行錯誤が続いており、成熟した制度理論を確立するまでは至っていませんので、今後も議論を深めていく必要があります。上記3点目のモニタリングは、実務上の負担が大きく、⊿kW価値の実績のパフォーマンスを計測することは特に難しいのですが、今後、IoT技術の発展・普及により、きめ細かいモニタリングが可能となることも想定されます[41]。

「電力市場のリパワリング」を超えて

kW価値や⊿kW価値のマネタイズが、分散化の進展を踏まえた「電力市場のリパワリング」の重要なピースになります。DER（分散型発電）に加えてS（蓄電技術）も大量に普及する段階になると、更なる変革が想定されます。筆者らの想定するこれからの市場の変化を以下に描写してみます。

■これまでの電力市場

・kWh市場中心。システムの持続性確保もkWh市場の需給調整機能に期待。

・実態は、地域独占時代の貯金により発電設備のアデカシーを確保してきたが、貯金の減少、DERの大量導入により限界が顕在化。

■リパワリングした電力市場（〜2030年）

・分散化の進展により、DERが自立的に普及。kW価値、⊿kW価値を適切にマネタイズすべく「電力システムの改革の改革」を実施。

・kWh価値は、限界費用ゼロで供給できるDER普及に伴い潤沢に。価格が下落。

・kW価値は、DERには供給できない価値のため、稀少に。

・⊿kW価値もDERには供給できない価値であることに加え、DERの増加に伴

い需要が増加するため、稀少に。

■ リパワリングした電力市場＋蓄電技術の指数関数的成長（〜2050年）
・DERに加えて、S（蓄電技術）が指数関数的に成長。運輸の電化により、大量に普及した電気自動車（EV）が電力を備蓄する役割を担う。
・kWh価値は、運輸電化等もあって需要が増加するも、DERも増加することから、さらに潤沢に。市場価格も低下（ゼロに近づく）。
・kW価値及びΔkW価値は、EVの蓄電池などが提供者として参入してくるためBERへの依存が低下。市場価格も低下。

図23に電力市場で取引される価値のパイのイメージを示します。kWh価値の比率が減少し、kW価値とΔkW価値の比率が増える流れが想定されます。

図23　電力市場で取引される価値の変化

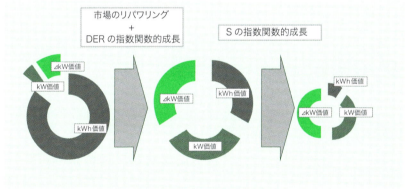

筆者作成

以上で説明したトレンドを電源構成の経年推移とともに次頁の図24に示します。
DER及びSの普及により、BERの市場は縮小しますが、2050年に至っても、一定の割合が必要でしょう。ただ、この段階では、BERの収入はkW価値とΔkW価値が大半を占めるようになるでしょう。

第3章　ゲームチェンジ

図24　電源構成の推移

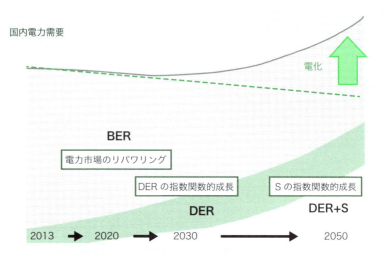

筆者作成

電気自動車がエネルギー市場に参戦

　運輸の電化が進展し、蓄電技術が需要側に大量に普及すると、新たなkW価値、ΔkW価値の提供者として台頭してきます。その姿を具体的に考えてみます。
　第2章の図5で説明した「2050年度のエネルギー起源CO_2排出量ポテンシャル試算」では、環境省（2014）の高位ケースを、2050年度のDER導入量の前提としています。設備量でいえば、PVが2億7250万kW、風力が7000万kWです。日本の最大需要電力は2億kW強を想定しているので、最大需要電力を大きく超える設備量のDERが導入される前提となっています。つまり、DERが発電する電気が余ってしまう時間帯が、相当数発生することになります。ドイツのように系統が周辺国と連携していればマイナスの価格でそれをさばくこともできますが、日本のように閉じた系統では、DERの出力抑制をするしかなかったわけですが、電気自動車が大量に導入されれば、その電力貯蔵としての価値を使え

るのです。あるツールを作って、その可能性を図25にシミュレーションしてみました。この図は、DERが発電した余剰の電力を電気自動車の蓄電池に貯蔵して、適切なタイミングで放電、あるいは自らの動力として消費することを示しています。

図25　電気自動車の蓄電池を活用するイメージ

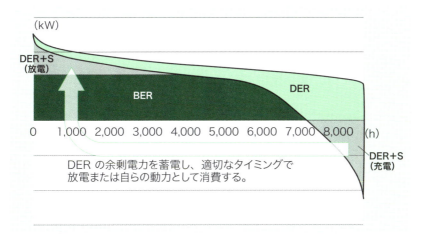

筆者作成

シミュレーションの前提は、次の通りです。

① 電力需要は、2050年断面の1兆2000億kWhを、2013年度の8760時間の需要実績と電気自動車（EV）の標準的なロードカーブを用いて、8760時間分に展開。
② DERの導入量は、PVが2億7250万kW、風力が7000万kW。
③ PVの発電パターンは、2013年度実績を、相似形として拡大。風力は設備利用率25％で出力一定と仮定。
④ 送配電系統の制約は考えない。指数関数的価格破壊が起こり、DERの設備費が十分安くなったため、日照条件、風況が最良でなくても採算がとれるようになり、立地場所は系統の都合により選定できると仮定。

第3章　ゲームチェンジ

⑤ 揚水発電所は2672万kW。現在の定格出力が維持されると仮定。kWhは定格出力で7時間分。
⑥ EVは全国で4000万台。1台あたり60kWhの蓄電池（S）を搭載。
⑦ BERの出力は全国で3000万kWは下回らないと仮定。火力の最低出力制約、原子力の一定運転の制約をこれで吸収できると仮定。
⑧ ⊿kW（調整力）の所要量は無視。Sを活用して確保できると想定。

　上記のような前提で、電気自動車の蓄電容量の3%〜50%をTSO（送電系統運用者）が自在に活用できると仮定して、シミュレーションを行った結果が図26になります。

図26　電気自動車の蓄電池を活用する効果

筆者作成

　シミュレーションは、「BERの所要量を最小化」を目的関数としました。「DERの出力抑制を最小化」を目的関数としても、DERの出力抑制率（発電するkWhが利用しきれずに出力抑制される比率）はほとんど変わりませんでした。電気自動車の蓄電容量の20%が利用可能ならば、DERの出力抑制はほとんど行

2 「限界費用ゼロ」時代の発電ビジネス

われなくなります。利用可能量が増えると、蓄電池は、DERだけでなく、オフピーク時間帯にBERのkWhを充電して、ピーク時間帯に放電するようになります。これにより、蓄電池は、BERの設備利用率を高めるとともに、ピーク需要に対応するBER（いわゆるピーク電源）を代替します。つまり、kW価値を提供するプレーヤーとして、電気自動車のプレゼンスが高まります。

　この試算では、2050年の最大需要を2億3000万kWとしていますから、仮に全国で4000万台普及した電気自動車の蓄電容量のうち、50%をTSO（送電系統運用者）が自在に活用できるとすると、必要なkW価値の半分近くが蓄電技術により提供されることになります。
運輸の電化が進めば、市場に普及する蓄電技術を有効活用して、大量導入されたDERの電気を無駄なく消費すること、BERのkW価値を代替することが可能になります。
　次頁の図27は、国土交通省による「平成17年度道路交通センサスオーナーインタビュー OD調査」に基づいて、自動車が停車している割合を、時刻を追って示したものです。全時間帯を通じて90%の車両が停車していることがわかります。運輸の電化後も同様の傾向とすると、停車している電気自動車の蓄電池は、有効活用するポテンシャルがあると言えます[41]。ただし、インフラの整備など、チャレンジングな課題もあります。実現のための課題を考察します。

・停車した電気自動車（EV）が、その都度、送配電系統に接続される必要がある。人がプラグに接続することに依存するのは無理があると思われるので、自動化が必要と考えられる。
・送電系統運用者（TSO）や配電系統運用者（DSO）あるいはそこから業務委託を受ける何らかのアグリゲーターがEVの稼働を緻密に把握するシステムが構築される必要がある。
・EVは、もはや個人が所有・運転するものではなく、アグリゲーターがEVオペレーターとなるべきかもしれない。アグリゲーターは、管理する多数のEVを、個人・企業へのモビリティサービス提供と電力システム安定への貢献のために最適に活用する。つまり、EVは、オペレーターの指令に基づき、

101

人や荷物を載せずに、電力系統上の必要な箇所で充放電を行うためだけに移動することもありうる。
・上記を実現するには自動運転の実用化は必須であろう。

図27　時刻別車両停車割合

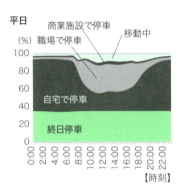
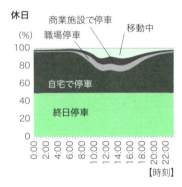

出所：篠田（2017）

発電・燃料ビジネスはどうなるか

　多岐にわたって発電ビジネスの今後を考えてきましたが、2050年に向けて、発電ビジネス及びその周辺の変容をまとめてみたいと思います。

　これまでは、発電所の建設・運営主体は、電力会社を筆頭に、都市ガス会社や鉄鋼メーカー、石油会社といった大企業でした。発電所の建設には、数百億〜数千億円の資金が必要であり、建設用地の確保や、安定的に石炭や天然ガスを調達する能力も求められるので、発電ビジネスの担い手は、自ずと一部の大企業に限られ、この大企業が、「kWh」「kW」「⊿kW」の3つの価値を提供するのが、「従来型」の発電ビジネスでした。

　しかし、太陽光発電（PV）や風力発電が存在感を持つようになると、発電事業の様相は一変します。PVや風力発電は、従来の大規模電源に比べ、必要

な投資額がとても小さくてすみます。もちろん大規模な風力発電は数百億円の資金を必要とすることもありますが、PVは、数十万円から数百万円の資金で設置することが可能です。また、日射量や風況などを考慮する必要はあるものの、大規模発電所ほどの立地の制約はありません。

もちろん、火力発電のように海外から燃料を購入する必要もありません。つまり、大企業でなくとも、発電所を建設、運営できます。特に、PVは一般家庭の屋根に設置できます。kWh価値だけは限界費用ゼロで生産するので、一旦設置すれば優先的に使われます。また、PVを設置した家庭にとって電気は、「ネットワークから買うもの」から「自分の家で作るもの」に変貌します。

では、火力発電ビジネスはどうなるでしょうか。2013年度の総発電量のうち、火力発電は実に88%を占めます。原子力発電所の停止が原因ですが、火力発電は、以前からkWh市場の中心でした。kWh市場の中心が、水力発電から火力発電に変わったのは、1960年代半ばですから、50年前です。次の30年でkWh市場は、DER中心に変貌するでしょう。とはいえ、この段階では、火力発電によるBERも3分の1程度のシェアは残るでしょう。今世紀後半には、脱炭素化の圧力が強まる中で、BER向けのカーボンフリーな燃料として、CO_2フリーの水素、アンモニア（広い意味で水素とも言えますが）、微細藻類バイオ、人工光合成などが現実的な選択肢となるでしょう。これらの燃料は、電化ができないエネルギー利用においても化石燃料を代替していくでしょう。

kWh市場の変化は、化石燃料ビジネスに大きな影響を与えます。日本は、化石燃料を海外からの輸入に頼ってきました。化石燃料を安定的に確保することはエネルギー政策の重要課題でした。例えばLNG（液化天然ガス）は、資源国との間で長期契約を締結し、安定した大口顧客となることで、資源確保を図ってきました。今後は、自由化、人口減少、DERの指数関数的成長などにより、化石燃料需要は不確実性を増していきますから、供給体制の柔軟性を高めていくことが、化石燃料ビジネスの大きな課題となるでしょう。そして、今世紀後半には、化学工業や鉄鋼業の原料となる部分以外は、新たな脱炭素燃料を扱うビジネスに変化していくでしょう。

第3章 ゲームチェンジ

column 2

CO₂フリー水素

　水素エネルギーの中でも製造過程でCO₂排出がない水素はCO₂フリー水素と呼ばれています。ドイツではCO₂フリーのDER（分散型電源）を用いて水を電気分解し、水素を作るP2G（Power to Gas）実証が行われています。気象条件によって変動し安定しない、あるいは需要を上回り作りすぎた価値の低い電気を水素に変換し、なるべく無駄なく使い切ろうということです。

　P2Gシステムで製造した水素は近くに敷設されている天然ガスパイプラインに送り込みます。水素貯蔵が不要であり、価値の低い電気を活用するので、経済メリットが比較的出やすいと言えます。

　一方、日本は発電燃料としての水素活用をまじめに検討している唯一の国と思われ、政府のロードマップでは、「海外の未利用エネルギー（褐炭（CCS併設）や再エネ等）を活用して水素を製造し、日本に輸送して、発電用燃料として活用」という構想が記載されています。CIF価格で、2020年代後半に30円/Nm³（発電単価17円/kWh）を目標としていますが、それでもLNGを水素で代替した場合のカーボンプライスを試算すると、約18000円/tCO₂[※1]で、発電の低炭素化の手段として、経済的とは言えません。ガス体エネルギーとして活用する方が、少なくとも当面は合理的でしょう。

　P2Gで製造した水素による発電は、電力→水素→電力とエネルギー変換ロスが二重に生じるため、元来非効率です。ただし、DERに指数関数的価格破壊が起こり、低廉・安全な輸送や貯蔵の手段（例えばアンモニア媒体）が確立されれば、潤沢なkWhを活用し、火力発電を低炭素化する有力な技術オプションになり得ると考えられます。

　　　※1　経済産業省（2015）の諸元データ等を元に試算。

電力システムと運輸システムの融合

　DERはkWhを安価（限界費用ゼロ）で提供しますが、kW価値、⊿kW価値（周波数などの調整力）を提供することはできません。しかし、DERに続いて、蓄電技術にも指数関数的成長が起こると、kW価値、⊿kW価値の新たな提供者として台頭してきます。そうなったときにBERは、kWh価値に続いて、kW価値、⊿kW価値についても市場から締め出されてしまうかと言うと、そう単純ではありません。蓄電池は、BERがオフピークの時間帯に発電したkWhを貯蔵し、ピーク時間帯に放電することができます。蓄電池を使うことで、BERの設備利用率を高めることができるのです。図26で、TSOが利用可能な蓄電池の容量が増えるにつれて、BERの必要量が減少し、設備利用率が向上していることが、このことを示しています。蓄電技術とBERをうまく組み合わせれば、BERにとってもメリットがある、効率的なシステムとすることが可能です。

　筆者らは運輸部門、すなわち電気自動車に搭載される蓄電池に注目しました。脱炭素化は、必然的に運輸の電化をもたらします。加えて、第3章1節で説明した「所有から顧客体験（UX）へ」のトレンドの下では、自動車はもはや個人が所有するものではなく、サービス事業者が所有・管理し、モビリティというUXを顧客に提供するためのインターフェイスとなるでしょう。

　そして、そのサービス事業者、または裏方たるアグリゲーターが、無数の電気自動車に搭載されている蓄電池の稼働状況を管理し、kW価値、⊿kW価値の原資として、TSO（送電系統運用者）に提供する、という世界が描けます。これは、運輸システムと電力システムが、新たな社会システムとして融合することを意味します。

column 3

微細藻類バイオマスと人工光合成

　微細藻類バイオマスは、微細藻類の光合成能力を活用してCO_2を吸収し、エネルギー資源や化学物質を生産するものです。光合成をする植物は多種多様ですが、単細胞で生活するタイプの微細藻類は、枝や茎や幹や根を作るエネルギーを消費する必要がなく、陸上植物に比べ、単位面積あたりで10倍以上の生産効率があるとされます。

　微細藻類バイオマス利活用は、米国あるいは日本において実証段階まできました。米国エネルギー省（DOE）は、微細藻類バイオマス利活用の実証プロジェクトに年間数千万ドルの補助を継続し、ガロン3ドルのガソリン相当燃料の開発を目指してきましたが、実用化に向けた最大の壁は生産コストです。生産コストを下げるためには、技術的な課題の解決が必要です。例えば、大規模生産で用いる大きな容器や池では細胞濃度の上昇に伴い内部に光が届かなくなり効率が落ちてしまう課題、密閉性がないか低いため微細藻類の成育に悪影響をもたらす他の生物が侵入する課題を克服する必要があります。

　克服の鍵は、容器や育て方の日々の工夫改良です。生育の速い微細藻類は農作物等とは異なり日々収穫、日々工夫改良の機会が得られることから、短時間で技術革新が進む可能性があります。原油価格の低迷が続く現在、健康食品等の生産を通して将来的には燃料生産に適用可能な技術の蓄積が図られています。

　商業生産の場については、将来的に海洋も検討されています。日本は世界6位の領海及び排他的経済水域約447万km²を保有します。海洋での大量生産が可能になれば夢は広がります。肥料やCO_2の供給方法、航行船舶を妨害しない培養システムが確立され、面積あたりの微細藻類バイオマス収穫量が米の平均的な年間収穫量500g/m²の20倍（現在進行中の様々な微細藻類バイオマスプロジェクトの目標値）に達し、

生産コストも目標値をクリアしたとします。海洋に1k㎡のユニット
を240配置できれば、100万kW石炭火力発電所の運転に必要なエネル
ギー（石炭年間240万t相当）が確保される計算になります。

　微細藻類バイオマスの競合技術に「人工光合成」があります。植物
の光合成は明反応と暗反応と呼ばれる2段階反応からなり、第1段階
は光による水の分解、第2段階は水が分解してできる水素とCO_2から
の炭水化物の合成です。この2段階反応をモデルとして、米国ハーバ
ード大学では、第1段階を太陽光発電（PV）で、第2段階を微生物
で行う人工光合成で効率的なアルコール生産に成功しています。日本
では2段階ともに無機触媒反応として、完全な無生物状態で炭水化物
を合成する研究が盛んです。現在、植物と同等以上の効率で光合成が
可能となりつつあり、2020年には高効率反応を安定的に実現、2030
年にはプラスチックの量産を目指しています。

　微細藻類バイオマスも人工光合成も太陽エネルギーを化学物質に転
換することは共通します。その効率の面で植物の能力を超える人工光
合成と、27億年の進化で獲得した、複雑な化学物質を常温常圧で合
成する植物の能力（植物は自らの組織を構成する脂質や蛋白質も光合
成により合成している）を最大限に発揮する微細藻類、どちらが優れ
ているというよりも、2050年には上手に使い分けているのではない
かと想像されます。

第3章　ゲームチェンジ

3 原子力に未来はあるか？

　日本の発電事業の「未来予想図」の中に、原子力技術は存在するのでしょうか。化石燃料資源を持たない日本にとって、これは大きな問いです。むしろ日本のエネルギーを考えるにあたっては、最初に原子力の扱いをどうするのかを議論すべきであると言えるでしょう。

　2014年に政府が策定した第4次エネルギー基本計画においては、「原子力依存度はできる限りこれを低減させていく」とされていますが、低炭素で安定的な電源を大量に供給する手段は原子力以外にはまだ開発されていません。そのため日本の2030年のエネルギーミックスでも原子力の電気を20 〜 22％程度確保することとしています。これは日本が特殊に原子力に固執しているというわけではありません。国際エネルギー機関（IEA）が毎年秋に発刊する『世界のエネルギー展望』の2016年版において示された新政策シナリオ[42]では、原子力は2014年から2040年にかけてシェアは11％から12％と微増ながら、絶対値では79％増加すると見込まれています。日本では、脱原発を宣言したドイツ（2022年に脱原発をすることを定めたもので、2016年時点では電力の約15％程度を原子力に依存）の動きなどが「世界の潮流」として報道されますが、中国では原子力の発電電力量が2040年には約9倍（1350億kWh→1兆2000億kWh）と著しい増加が予想されており、経済成長が著しい新興国を中心に原子力の新増設は今後も続くことが予想されています。

原子力発電のメリット・デメリット

　原子力発電が将来的にも存在するか否かを考えるにあたり、そのメリットとデメリットを整理しておきましょう。

■ メリット
・少量の燃料で大きなエネルギーが取り出せるため、安定して大量の電力を供

108

給できる。

- 燃料資源（ウラン燃料）が地域的に偏在していない（調達の安定性）。
- 燃料の備蓄性が高く、準国産エネルギーとして国のエネルギー自給率向上に寄与する。
- 設備投資額は大きいものの運転コストが安いので（少量の燃料で大きなエネルギーを生産できることと関連）、一定程度の稼働率を維持できれば発電量あたりの単価が安くなる（経済性が高い）。[43]
- 発電時に地球温暖化の原因となる温室効果ガスを排出しない。

　このように、エネルギー政策の基本といわれる「3E（エネルギー安定供給・安全保障、経済性、環境性）」のいずれの観点からもメリットを有していると言えます。しかしもちろんデメリットもあります。

■ デメリット

- 原子力災害が起きれば大きな被害をもたらすこと。
- 放射性廃棄物の処分には超長期の時間を要すること。

　すべての技術の利用に言えることですが、こうしたメリットとデメリットを総合的に考え、リスクの総和を低減させるという観点が必要です。原子力技術の利用をどう考えるかは、人により、国によって大きく意見が異なりますので、ここでは2050年にも日本が原子力技術を利用することの可能性や是非については議論しません。2050年にも原子力技術を必要とするのであれば何が必要かを考えます。

原子力技術の変遷と展望──小型炉開発を進める米国

　原子力技術が飛躍的に発展したのは第二次世界大戦中のことでした。戦後、米、英、仏、ソ連を中心に軍事技術としてその開発が競われました。米国は当初、原子力技術を自国にとどめ、民間商用利用も認めない方針でしたが、1949年9月にソ連が原爆実験を行ったことが、米国の原子力政策の舵を大きく

切らせることとなりました。1953年、アイゼンハワー大統領は原子力平和利用宣言を発表し、同盟国には二国間協定による技術供与・情報交換を行ってその平和利用を促し、国際機関（国際原子力機関：IAEA）によって管理することを目指す方針を明らかにしたのです。

　1950年代後半に開発された商業用の原子炉はこうして世界各国で導入されていきました（図28参照）。当初の第1世代と言われる原子炉は発電容量5～20万kWと小規模なものでした。その後安全性や大容量化によるコスト競争力の向上等を目的として技術開発競争が起こりました。大容量化してきた理由は、その方が1kWhあたりの発電単価を引き下げる上で有利であり、また、原子力立地を進めることに地域の理解を得られるケースが限られていたといった制約も背景にあったと考えられます。

　日本の原子力発電所の多くは、第2世代と言われるBWR、PWRという炉型ですが、東京電力柏崎刈羽原子力発電所6・7号機など4基のABWR（改良型BWR）が導入済み、日本原子力発電の敦賀発電所3・4号機にはAPWR（改良型PWR）が導入される予定です（現在工事停止中）。第3世代と言われるABWRやAPWRは、耐震性の向上や冷却系統の多重化・多様化による信頼性の向上など、安全性の強化が図られています。

　原子力発電の技術開発に関する方向性は、安全性向上や燃料の効率的利用、廃棄物の減容などさまざまな観点がありますが、これまで基本的には大型化することでコスト低減を図ってきました。しかし米国では、①13の州とワシントンDCは電力の小売を全面自由化し、投資回収の確実性がなくなったこと、②電力需要の伸びが鈍化してきていること、③近年シェールガスの生産増大で天然ガス価格が低下し卸電力価格が低下していることなどから、巨大資本を投下して大型原子力発電プラントを建設しても、回収が覚束なくなりました。特に国内に産出する豊富な石炭・天然ガス、そして急速に価格低下した再生可能エネルギーとの激しい価格競争により、既存の原子力発電所の維持すら難しくなっています。米国の天然ガス発電のコストは2017年までの10年で約半分になったとされ、原子力発電、そしてコスト面のみならずCO_2排出量の多さにおいて不利な石炭火力発電への依存度が低下しています。

　こうした状況を背景に、米国が官民協力して開発に取り組んでいるのが小型

図28 原子炉の発展史

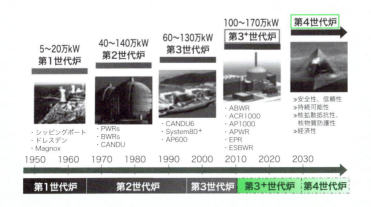

出所：資源エネルギー庁 平成25年10月「原子力技術開発の動向」

モジュラー原子炉（SMR：Small Modular Reactor）です。2007年に設立されたNuScale Power社が開発する軽水を用いた自然循環炉であるSMRは、小規模（モジュールあたり30万kW以下）なモジュールを組み合わせるもので、米国では2020年代以降はSMRが新設原子力プラントの主役になるとの評価もあります。SMRの特色は以下の通りです。

・モジュールを単独あるいは複数を組み合わせて使用することができ、需要に応じた柔軟な構成が可能であること。そのため、投資のリスクも小さいこと。
・（小出力の集合体とした場合）負荷追従が容易であり、自然エネルギーとの協調性が良いこと。[44]
・水素製造や海水淡水化など工業での活用と電力の活用を組み合わせるなど多用途な運用ができること。

　豊富な石炭資源に加えてシェール革命により天然ガスも手にした米国は、原子力技術というオプションを維持する必要性は日本ほど高くありません。しかしエネルギー政策はすべての選択肢に「張っておく」ことが重要です。特に原

子力についてはその技術を保有しておくことが国のエネルギー安全保障にとっても大きな意味も持ちます。そのため、オバマ政権当時から米国は「All of the above energy strategy」（あらゆるエネルギー資源を活用するエネルギー戦略）を採り、原子力についてもさまざまな支援を行ってきました。SMRについても、ベンダー企業が原子力規制委員会（NRC）に設計認証を申請する[45]にあたっての財政支援や建設運転一括許認可（COL:Combined Construction and Operating License）[46]取得に向けた用地確保の支援などをエネルギー省が行ってきました。

　開発競争において一歩先んじているNuScale Power社のSMR初号機は、2026年にユタ州で運転開始することを目指しています。

　NuScale Power社の開発したSMRは、モジュール1基あたりの電気出力は5万kW、最大12基を設置することができます（電気出力最大60万kWで通常の原子炉の約半分程度の大きさ）。冷却水を自然循環させる設計であり、電気を必要としません。モジュールをプール内に水没させる設計であり、東電の福島第一原子力発電所事故で起きたような長期の全電源喪失という事態に陥ったとしても、安全に停止することができます。また、原子炉建屋は航空機落下や自然災害に耐えられるように設計されています。

　小型化されたモジュールを国内工場で組み立てた状態で出荷し、トラック、鉄道、バージ船という一般施設で輸送できますので、コスト削減や工期短縮に大きな強みを持ちます。

　こうしたコスト削減の効果も含めて、SMR初号機57万kWサイズのプラント建設コストは30億ドル以下（55万2000円/kW以下。1ドル105円で計算）、均等化運転コストは、初号機では101ドル/MWh（10.6円/kWh）程度、後継機90ドル/MWh（9.45円/kWh）程度と見積もられています。我が国の長期エネルギー需給見通し小委員会の下に設置された「発電コスト検証ワーキンググループ」が2015年に算定した原子力発電コストにおいては直近に運転開始した国内4基の実績をベースに、原子炉1基の建設コストを37万円/kW（1基あたり建設費4400億円、設備容量120万kW）と見込んでいます。新規制基準に基づく追加的安全対策費が、新設の場合には約600億円必要とされることを含めても、現在のSMRにそれほど大きなコスト優位性は感じられません。

3 原子力に未来はあるか？

　SMRが今後商業炉として広く展開していくには、よりコスト競争力を高めていく必要があるでしょう。特に米国では、自国に産出する安価な石炭や天然ガス、コスト低減が進みつつある再エネと競争せねばなりません。

　しかし、途上国の未電化地域に安定的な電力を供給しうる電源へのニーズは高く、また再エネの変動と共生できる低炭素電源として、SMRの技術が確立すれば電源構成の中で一定の役割を占めることは十分ありうるでしょう。

　技術開発の方向性はもちろんSMRだけでなく、原子力発電に付随して得られる熱を蓄え、有効活用することなども考えられます。発電事業全体の構造変革に伴い、生き残る原子力の技術も変化を遂げようとしているのです。

　さらに現在13カ国及び1つの国際機関が参加する国際フォーラムが組織され、第4世代と言われる原子炉の技術開発が行われています。第4世代には、減速材と冷却材にそれぞれ何を使うかの組み合わせによって、現在6つの選択肢があるとされ、日本は溶融塩炉を除く5つ（超高温ガス冷却炉、ナトリウム冷却高速炉、超臨界圧水冷却炉、ガス冷却高速炉、鉛冷却高速炉）の研究活動に参加しています。

立ちすくむ今日の原子力

　しかし足元の原子力政策を見れば、日本のエネルギーの未来予想図の中に原子力を登場させることをためらわざるを得ません。軽水炉は技術としては相当成熟し、一定程度以上の稼働率が確保できれば十分にコスト競争力を持つものですが、後に述べるような特殊性があるため、市場原理の下では淘汰されてしまう運命にあるからです。

　先にご紹介したようなSMRなど新技術への投資を可能にしていくためにも、まずは足元の原子力事業環境を整えることが必要になります。ここでは、市場に任せると原子力事業を維持できない理由を整理し、競争市場で原子力事業を維持するにはどのような補完策を採らなければならないのかを検討しておきたいと思います。

113

第 3 章　ゲームチェンジ

自由化と食い合わせの悪い原子力事業の特殊性

　原子力発電は他の発電方法と比較して巨額の初期投資を必要とし、事業実施及び投資回収に超長期の時間がかかります。先ほどの発電コスト検証ワーキンググループで2014年に各電源を新設する場合の建設費を試算したところ、石炭火力は80万kWのもので2200億円、LNG火力は140万kWのもので1850億円とされています。しかし原子力発電所は、120万kWのもので4400億円と3倍近いコストです。さらに現状では規制基準の見直しによって、新設の場合でも約600億円程度、既設のプラントに対しては約1000億円程度、追加の安全対策費用が必要になると見積もられています。また、欧米諸国では建設期間の長期化などにより、建設費が1兆円を超える事例も出てきています。[47]

　投資額が巨額で回収に長期の時間が必要であるという特色から、短期的な投資回収を確保することが望まれる市場原理とはそもそも「食い合わせ」が悪く、長期的には国民にメリットをもたらすとしても市場原理の中では選択されません。自由化されれば、電気事業者は短期的な投資回収を志向するようになります。さらに自由化がもたらす原子力事業への逆風を下記に整理します。

■ 逆風１──資金調達コストが上昇する

　インフラ事業全体に言えることですが、原子力はその中でも特に大規模な投資を必要とし、それを超長期の時間軸で回収していく事業であるため、安定的な回収を可能にし、資金調達コストを低減する制度的担保が必要です。「電力の鬼」と呼ばれた松永安左エ門（1875〜1971）の「金利の高低は、実に電気の原価を左右する」という言葉通り、資金調達コストがかかれば、それは電気代で回収せざるを得ないからです。地域独占・総括原価といった、低利・巨額の資金調達を可能にしてきた制度がなくなれば、資金調達コストの上昇は避けられません。

　自由化した場合の競争力の確保には比較的大型の電源が必要となり、建設時の資本負債構成の悪化幅はこれまでと比較して大きくなります。電力会社の財務健全性が厳格に評価され、資金調達コストに反映されることになり、規模・

114

3　原子力に未来はあるか?

投資余力を判断するうえで、キャッシュフロー創出力に加え、自己資本の額も重要視されます。加えて原子力過酷事故のテールリスクや原子力規制の厳格化などによって、かつてに比べ事業リスクが高まっており、財務耐久力のある財務構成が求められるようになっています。

　本来、財務健全性を向上させ資金調達力を強化するには、原子力の安全性を向上させ、そのことによって高稼働率が維持されることが重要です。そのためには、規制機関が事業者と規制が対話を重ね、適切なインセンティブを付与するなど、安全性と効率性を同時に向上しうるような制度設計も検討されるべきでしょう。

■ 逆風2──発送電の法的分離により資金繰りの余裕がなくなる

　これまでの電力会社は、複数の発電設備の間で、あるいは、発電設備と送配電設備の投資のタイミングをずらすことによって、キャッシュフローの安定化を図ることが可能でした。

　我が国の電力流通インフラ投資は、1960年代の高度成長期と1990年代のバブル期の2つのピークを経験し、30～50年のサイクルで流通設備の更新ピークが訪れています。発電設備への投資はこのピークを避け、送配電部門が安定的なキャッシュフローを生んでくれるようになってから行えば、巨額の原子力投資による資金ひっ迫を緩和することができたのです。

　しかし発送電分離によってキャッシュフロー管理が厳格に区分されれば、資金繰りの余裕度は大きく低下せざるを得ません。発電部門と送配電部門のお財布が別々になれば、原子力に対する投資を行う判断はしづらくなるでしょう。

■ 逆風3──即応性のなさから「買いたたき」にあう懸念がある

　固定費が大きく損益分岐点が高い原発は、発電したkWhを確実に売りさばかねばなりません。自然変動電源と呼ばれる太陽光・風力が市場に流入すれば、柔軟に出力を調整できる天然ガス火力などに高い価値が認められることになりますが、原子力発電は負荷追従運転[48]が立地地域との協定によって認められていないケースもあって、市場が安値でも「赤字発電」しなければならないという事態も発生します。

115

システム改革は、すでに行われている事業に対して、事業環境の激変をもたらします。政府が課す安定供給義務を果たすために、回収が確保される前提で行った過去の投資に対して、システム改革という政策変更によって生じる逸失利益をどうするのか、そして、今後もその技術が必要であればどう事業環境を整備し投資を促していくのかを議論する必要があります。

以下では、さらに原子力の特殊な事業リスクを整理します。

原子力の特殊な事業リスク──①事故の対応

原子力事故が起きた場合の事故収束や賠償に必要な経費がどこまで膨らむか想定もつかないというのも原子力事業の特殊性の1つです。会社の事業に関連して、予測不可能な損害を社会に与えてしまうことは他の事業でも発生しうることですが、株式会社は基本的に会社の資産の範囲内においてのみ、債権者に対して責任を負うものとされています。しかし、我が国の原子力損害賠償法は事業者に無限の賠償責任を課しています。

諸外国では通常、「賠償措置額」という事前に手当を義務付けられた金額（我が国では、1万kW超の原子炉で1200億円）を超える損害が発生した場合には国家補償が提供されることとなっていますが、我が国では、国の講ずべき措置は「（原子力事業者の損害賠償額が）賠償措置額を超え、かつ、（中略）必要があると認めるときは、原子力事業者に対し、原子力事業者が損害を賠償するために必要な援助を行なうものとする。」（原子力損害賠償法第16条）と規定されるのみです。どんなときに「必要があると認めるのか」、また「必要な援助」とは何か、具体的には全く規定されていませんでした。

東電の福島第一原発事故に際しては、被害者への賠償や事故炉の廃炉を責任を持って完遂させ、首都圏の電力供給という事業を安定的に継続するために、東電を潰すわけにはいかないと判断されました。そのため事故後、原子力損害賠償支援機構法（現在は原子力損害賠償・廃炉等支援機構法）が編み出されたのです。

これは端的に言えば、東京電力に無利子で資金を貸し付け、時間的猶予を与

える仕組みです。国への借金は基本的には東電が将来利益の中から返済することになっています。

　原子力損害賠償支援機構（現：原子力損害賠償・廃炉等支援機構）は当初、賠償資金として5兆円を見積もり、交付国債を使った支援枠を用意しましたが、東京電力が全額返済するのにかかる期間は31年と見込まれていました（2013年10月16日発表会計検査院試算）。[49]

　しかしながら、2016年末には事故による賠償、除染、廃炉などすべて含めた事故対応コストが約22兆円にも膨らむことがわかってきました。また、それにもかかわらず東京電力の収益力向上に最も影響を及ぼす柏崎刈羽原子力発電所の稼働が当面見通せない状況に陥っています。さらに、2016年4月に電力小売を全面自由化したことにより、さらに収益力を向上させることは難しくなりました。このスキームで対応可能なのかどうか、疑問が持たれています。将来万一、東京電力よりも小規模の事業者が原子力事故を起こせばこのスキームでは解決できないでしょう。

　現在の賠償制度の課題が明らかになったため、政府は原子力損害賠償制度専門部会を設置して制度改正について議論を続けており、基本的な枠組みに関する論点整理まではなされています。しかし相反する要請に折り合いをつけるのは容易ではありません。原子力事故は規模によっても必要な対応が大きく異なり、諸外国においても完璧と言える仕組みはないと言えるでしょう。

　万一原子力災害を引き起こせば、対応に必要な人的資源においても、コストにおいても、莫大かつ超長期の対応を要するという点で、原子力は非常に特殊な事業です。[50]原子力を今後も一定程度、一定期間日本が必要とするならば、被害者保護のあり方、官民のリスク分担、民間事業に委ねるならば事業の予見可能性確保、国民負担のあり方等をについて議論を深める必要があります。

原子力の特殊な事業リスク——②核燃料サイクル及び最終処分事業

　原子力事業を民間事業者が担うにあたっての最大の障害がバックエンド事業（使用済み燃料の再処理や放射性廃棄物の最終処分など）にあることには異論がないところでしょう。バックエンド事業は極めて長期にわたって責任ある事

業主体が存在することが必要であり、また、その事業自体は利益を生まないので民間事業者が単独で担うインセンティブはありません。さらに、事業にかかるコストはその発電所が稼働し収入を得ているときに電気代に乗せて回収しておくことが基本的に認められていますが、バックエンド事業の長期性や不確実性によって不足が生じた場合、遡って回収する手段がありません。

　核燃料サイクル政策に当初見込まれた経済的メリットについては、ウラン燃料の価格下落により相当程度失われています。ウラン燃料の有効利用及び高レベル放射性廃棄物の減容という意義によって、政府は核燃料サイクル政策を維持するとしていますが、民間事業者にとってのインセンティブはすでにほとんど失われていると言えます。

「原子力事業は国策民営」とよく言われますが、フロントエンド（発電）はまだ通常の民間事業に近いと言えます。しかしバックエンドは事業の性質も時間軸もステークホルダーとの関係も、すべて通常の民間事業とは相当に異なるものです。例えば日本は使用済み燃料について再処理することとしていますが、これは日米原子力協定という国際約束で日本に認められた「特権」です。核不拡散の要請から、国際的に様々な説明責任を果たすことが求められますから、政府との密なコミュニケーション、より強く言えば「国策」の下で進められてきたのは当然と言えます。

　ここまで整理した事故リスク、バックエンド事業リスクに加えて、原子力は政策・規制の変更リスクが高いことなど、民間企業が担うにはあまりに特殊な事業リスクをはらんでいます。システム改革が進み、総括原価方式による料金規制の撤廃、発送電分離、一般的な会計ルールの適用がなされることとなれば、民間事業者が原子力発電の新設・リプレースにチャレンジすることはおろか、既存の原子力発電所の維持にも影響が及ぶでしょう。また、不確実性を含み長期の時間軸で対応していくべきバックエンド事業への影響も懸念されます。

　こうした原子力事業の特殊性をカバーする政策的措置を講じて原子力発電を一定程度利用するかどうかは、政府の判断によります。自国のエネルギー自給率（化石燃料を産出するか否か、あるいは水力をはじめとする再エネのポテンシャルの量など）やエネルギー需要の伸び、産業構造などを総合的に勘案して、

エネルギー政策を決定する中で、技術の維持について判断することになります。

図29　原子力発電の投資回収イメージとリスク

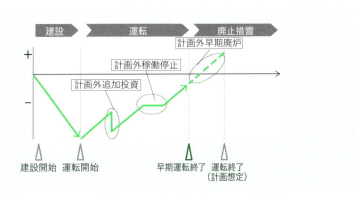

出所：総合資源エネルギー調査会 原子力小委員会第5回会合 資料

自由化された諸国における原子力事業環境整備政策

　このように、民間事業者が発電の一方途として他の電源と同等に扱うにはあまりにも特殊であるため、政府の関与あるいは制度的措置がなければ自由化された市場において原子力発電は淘汰されていきます。既設の原子力発電所は一定年数稼働を維持できるとしても、新設・建て替えに乗り出す事業者はいないからです。

　我が国では福島第一原発事故の後、原子力発電所は基本的に40年で運転終了、特別点検を受けて合格すれば20年間の延長は認められますがそれでも60年で運転を制限することが決まりました。原子力発電所の新設や建て替えについては議論すらされていませんが、現存するすべての原子炉が40年で運転終了すれば、2050年頃にはほぼ脱原発の状態になります。

　先行して自由化した諸外国ではこの問題にどのように対処しているのでしょうか。米国と英国の事例を紹介します。

第3章　ゲームチェンジ

図30　運転年数制限を踏まえた我が国の原子力発電の将来

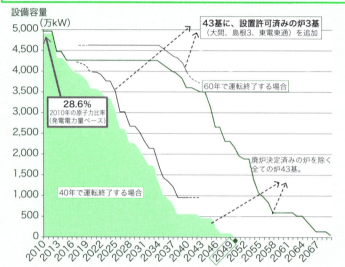

出所：資源エネルギー庁

米国の場合

■ 新規建設に向けた政策的支援──規制の合理化及び財政支援

　2015年10月に米国のテネシー渓谷開発公社（TVA）のワッツバー2号機（PWR、115万kW）が営業運転を開始しました。米国で原子力発電所の新規運転開始は20年ぶりのことです。

　長期にわたり米国で原子力発電所の新設がなかった理由は複数あります。スリーマイル島原子力発電所事故以降の原子力利用に対する世論の反発ももちろんありますが、電力需要の伸びが停滞したこと、原子力発電所の稼働率向上や容量アップにより原子力発電が総発電量に占める割合を20％程度には維持できたこと、一部の州で電力自由化が行われたことなどが挙げられるでしょう。

3　原子力に未来はあるか？

　原子力発電所の新設が停滞していることを懸念し、米国政府は建設と運転に一括で認可を与える建設運転一括認可制度（COL）の導入などの規制緩和を行いました。また2001年には、エネルギー省の設置した検討チームにより「原子力発電所の新規立ち上げを2010年までに実施する」ことを目標とした政策提言がまとめられました[51]。こうした提言に基づき2005年には「エネルギー政策法」[52]が制定され、政府による建設資金の債務保証、建設遅延補償、発電税控除などが認められました。また、規制料金の残る非自由化州では、建設にかかる費用の一部を発電所の運転開始以前に規制料金に含めて回収することも認められました[53]。

　このような支援策を受けて、2000年代後半、米国では「原子力ルネサンス」と呼ばれる時代が到来し、30基近くの新設計画が浮上しました。しかしその後、時を同じくして米国ではシェール革命が起こり化石燃料価格が下落したことと、政府の支援策を受けた再エネの増加により、新設計画の取り下げも行われています。

　オバマ大統領（当時）は福島事故を経験しても原子力を重要な技術として推進する方針を変更しないことを明確にしていました[54]。トランプ政権でも原子力の研究開発等の予算は確保されています。米国は石炭もシェールガス・オイルも産出し、「Our country has greater energy resources than any other place on earth.（私たちの国は地球上のどの場所よりエネルギー資源に恵まれている）」[55]とされる通り、今や突出した「エネルギー強者」になっているにもかかわらず、原子力技術を維持することが必要であると考え、こうした政策措置を講じているのです。

■ 既存の原子力発電所維持に関する支援

１　ストランデッド・コスト回収を認める措置

　1990年代に、いくつかの州（主に化石燃料を産出せず他州に比べてエネルギー価格が割高であった州）において電力自由化が進められた際、既存の電気事業者が供給義務を果たすために投資した設備に係るコストのうち、自由化により回収できなくなる恐れのある「ストランデッド・コスト」については、「妥当で慎重に考慮され、かつ立証可能」である限り、電気料金に上乗せして回収

することが認められました。全米で1000億ドル規模のコスト回収を認める激変緩和措置を採ったことで、固定費の回収が終わっていない既存の原子力発電所の多くが市場で生き残ることができたとされています。

2 既存の原子力発電所効率性向上

また、既存の原子力発電所の効率性を上げる努力が行われてきました。スリーマイル島原発事故以降、原子力規制委員会（NRC）と事業者の試行錯誤はありましたが、現在の米国の原子力規制には学ぶ点が多くあります。特にNRCがその活動原則の中に「効率性の原則」を取り入れていることは、我が国の規制活動と大きく異なる点です。

いくら規制を厳しく細かくしても、チェックするリソースには限りがあるので、安全上重要なところへの規制に資源を注入し、重要性の低い活動への投資は省くという考え方を徹底しています。またNRCは規制基準を定めて守らせるだけではなく、成績の良い発電所に対しては自主性を尊重し、悪い発電所に対しては規制の関与を強化することで、被規制者にインセンティブを付与しました。この「原子炉監視プロセス（ROP：Reactor Oversight Process）」という制度は、日本を含めた他の国でも参考にしようとする動きがあります。

また事業者は、自主保安活動の推進や事業者間でのベストプラクティスの共有を通じて、トラブル頻度の減少や復帰時間の短縮による計画外停止期間の短縮、リスク情報を活用した機器の点検頻度の合理化やオンラインメンテナンスの範囲拡大による定期検査期間の短縮に取り組んできました。こうした合理的かつ実効的な規制活動と事業者の努力の相互効果により、米国の原子力発電所の稼働率は90％を超えています。

3 既存の発電所の高経年化対策

米国では当初、原子力発電所の運転期間は40年とされていました。これは安全性、技術面あるいは環境面に基づいて定められたものではなく、減価償却の期間等を踏まえ、経済性と独占禁止の観点から定められたものでした。1980年代初頭から経年化研究に取り組み、その成果を踏まえ、1回の認可更新で最長20年の追加認可を、複数回申請することが認められています。[56]2017年

春の時点で、米国で運転中の99基の内、84基が60年への運転認可延長の許可を取得済み、9基が審査中です。さらに80年延長申請を提出する意向を示している事業者もいます。安全対策コストとの見合い、及び、他の電源とのコスト競争次第ではありますが、一度建てた原子力発電所を安全に使える寿命の限り使いつくすことで、コストを低減させようとしているのです。

4 低炭素価値の経済評価

原子力の低炭素価値を評価することによって、原子力の価格競争力を強化する制度も一部で導入が検討されています。国内に産出する天然ガス価格の下落による卸電力価格の低下や州の再生可能エネルギー利用基準（RPS）による従来電源の販売電力量の減少等により、特に自由化された競争市場環境で電力販売を行う発電プラントは厳しい経営環境下にあります。さらに需要変動に臨機応変に対応できないというデメリットや追加的な安全対策コストを要するなどコスト面で不利な原子力発電所については、廃止の動きが続いていたところ、2016年、ニューヨーク州やイリノイ州は「ゼロ・エミッション証書（ZEC）」制度を創設して、運転継続を支援する措置を採ることを明らかにしました。

両州の小売事業者は販売電力量に応じてZECを購入することが義務付けられ、それは電気料金に転嫁することが認められます。ニューヨーク州では制度開始当初17.48ドル/MWhと全米の既設炉の平均発電コストの5割程度が補填されました。低炭素電源の価値を経済的に評価する制度の導入により、一度早期廃止を発表していた7基（ニューヨーク州4基、イリノイ州3基）は、当面運転を継続することが決定しています（本稿執筆時点ではニューヨーク州、イリノイ州のZEC制度はいずれも裁判中）。

■ 原子力損害賠償制度

原子力損害賠償制度の設計も原子力事業へのファイナンスに大きな影響を与えます。米国の原子力黎明期、原子力発電事業への参画を促した政府に対して、民間事業者は「技術開発は国の責任で行うこと」「原子力災害が発生した時には政府が補償する制度を整えること」の2つを条件として提示し、それが満たされなければ、事業者としてはタッチしないという姿勢を明確に示したとされ

ています。

　米国の原子力損害賠償制度を定めたプライス・アンダーソン法は、成立当時、6000万ドルの責任保険の上限額以上の損害が生じた場合には国家補償で対応する旨が定められていました。その後、事故を起こしても事業者が何らの追加的負担を負わない仕組みは原子力産業に対する過保護であるとする石炭業界からの反発もあり、第二層として事業者間相互扶助制度が導入されました。ある事業者が原子力事故を起こした場合、他の事業者も運転する基数に応じてその賠償責任を事後的保険料として負担する制度であり、事業者間の相互評価（ピア・レビュー）を前提としていることから安全性向上に向け、事業者間で協力が行われることを担保する制度でもあります。現在は総額約111億ドル（約1兆2000億円）という賠償措置を確保し、それ以上の損害については国家補償が発動されることとなっています。

　なお、プライス・アンダーソン法は、法定賠償措置額を超過する損害が生じた場合には、「可能な限り広範な関係者からの拠出を求めることを考慮」するとしています。原子力災害の状況による被害想定の難しさと事業の予見可能性確保のギリギリのバランスをとる努力がうかがえると言っても良いかもしれません。

英国の場合[56]

　英国も、米国とともに第二次世界大戦後原子力技術をリードした国です。しかし米国同様長く原子力事業の停滞を経験しました。米国と異なるのは、北海油田が枯渇し、化石燃料資源においては非常に心もとない状況になってきたことでしょう。同時に温暖化対策としてCO_2削減の要請が高まったこともあり、原子力事業へのテコ入れが喫緊の課題となっています。

　英国で産業革命が起きたきっかけは国内に豊富な石炭を産出したことですが、1960～70年代には北海油田の開発が進み、石油や天然ガスも含めてエネルギー自給が可能になりました。しかし、北海油田の埋蔵量は期待されたほど大きくはなく、2004年にはエネルギーの純輸入国に転落してしまいました。

　英国で最後に建設された原子力発電所は、1995年9月に営業運転を開始した

サイズウェルB原子力発電所であり、その後20年以上新設は行われてきませんでした。

2000年代後半には上述した理由から原子力再開発の必要性が高まり、「A White Paper on Nuclear Power（原子力白書）[57]」が発表され、原子力発電所建設推進に向けた姿勢が明確に示されました。許認可プロセスの見直しや炉型の承認作業が簡略化されるなど、事業開始までの期間短縮にかかる制度改正につながりました。その後2008年に制定された「エネルギー法[58]」によって、放射性廃棄物の管理・処分や廃棄措置費用の積み立てなど、バックエンドに関する規定が整理されました。民間事業者任せにできないバックエンド事業に必要な基金の設立などについて規定したのです。

しかし、それだけでは新規建設を起こすことはできません。自由化市場においてエネルギー安定供給・安全保障、経済性、低炭素の電源を確保することを目的に2011年7月に政策白書を発表[59]、その中で原子力事業の新規建設を可能にする政策的支援として明記されたのが「FIT-CfD（差額精算型固定価格買取制度）」です。これは、低炭素電源（再エネ、原子力、CCS付き火力）から供給される電力について、政府機関（CfD管理者）と事業者が契約により基準価格を決め、市場価格との差額をお互いに補填する制度です。他電源に比べ超長期の資金回収が必要となる原子力事業に予見可能性を与えることが可能です。我が国でも導入されている再生可能エネルギーの固定価格買取制度（FIT）と類似してはいますが、買い取りが保証されているわけではない点で大きく異なります。政府の設立するCfD管理者はどの発電事業者とも交渉することが可能であり、発電事業者には「売る努力」が求められるのです。

2014年8月、総合資源エネルギー調査会電力・ガス事業分科会原子力小委員会に招聘された英国エネルギー・気候変動省副部長が[60]「最終的に技術中立的なオークションを実施し、納税者にとって最も価値のある低炭素発電を推進すること」がFIT-CfDの目的であると述べた通り、政府の決めた補助金を提供するFITにはない競争原理が導入されていると言えるでしょう。

いわゆるバックエンド費用（廃炉や使用済燃料の処分などにかかる費用）も基準価格に算入されているうえ、事業者の利益やリスクプレミアムを含めた価格設定になるため、現時点で見た発電コストとしては高額であるとの批判もあ

りますが、自由主義市場でこうした大型資本投資を可能にするための事業予見可能性確保と、競争原理導入による消費者利益確保という要請をうまくブレンドした制度と言えるでしょう。2014年7月、欧州委員会によるEUの国家補助規程に係る審査を通過し、FIT-CfDは正式に導入されました。

　このFIT-CfDだけでなく、廃炉事業のリスクを政府が負う仕組みも構築しています。新設の原子力発電所は、発電所が稼働している期間にバックエンド資金を積み立て、廃止措置の段階に入ると廃棄物（使用済み核燃料と放射性廃棄物）の債務や所有権と一緒にその基金を政府に移管します。その後は政府が責任を持って廃炉事業にあたるというものです。

　こうした官民のリスク分担が大幅に見直された結果、イギリスでは約20年ぶりとなる原子力発電所の新設計画が動き始めています。すでに原子力発電所建設が可能な技術は国内になかったこともあり、発電所によっては中国の技術を導入し、出資も仰いでいますが、自由化市場における原子力発電所新設の行方に、世界が注目しています。

4 ネットワークとUtility3.0

　第3章1節で、Utility3.0の世界では、エネルギーすなわちkWhを小売する電力小売事業は消滅し、家電機器をインターフェイスとするサービス事業者として再生する、と述べました。2節では、リパワリングした市場で取引される価値として、エネルギーとしてのkWhの価値のほかに、kW価値と⊿kW価値という概念を示しました。現在は、これら価値の供給源は従来型の大規模系統電源（BER）が中心ですが、2050年頃には、需要側に広く普及した電力貯蔵（S）あるいはデマンドレスポンス（DR：需要家側の電力消費量の調整）が存在感を増していると想定されます。

リパワリングした電力市場のイメージ

　Utility3.0が活動するリパワリングした電力市場のイメージを図31に描いてみました。あくまで一例です。グレーの点線は、電気が流れる物理的なネットワークを示します。無線給電になっているかもしれませんが、何らかのネットワークの中を電気が流れているのは変わりません。

　併せて、市場を構成するプレーヤーの間を価値（kWh価値、kW価値、⊿kW価値）が取引されている様を示しました（以下、この節では、kWh価値、kW価値、⊿kW価値を単に、kWh、kW、⊿kWと表記します）。

　UXコーディネーターは、前述の通り、小売事業者が再生した新たなサービスの提供者です。1節でも出てきましたUXコーディネーターにサービス提供手段（中間財）としてkWhを卸すのが、パワーマーケターです。現在の電気事業で言う小売電気事業者は、一部がUXコーディネーターに、一部がパワーマーケターに変化すると思われます。両方を兼ねる主体もありうるでしょう。

　次頁の図31では、UXコーディネーターが、家庭や企業に対し、家電機器をインターフェイスとして、サービスを提供しています。その下の需要家は自家発電のDERと蓄電設備のSも装備するプロシューマーです。DERとSは、電力

第3章　ゲームチェンジ

図31　リパワリングした電力市場

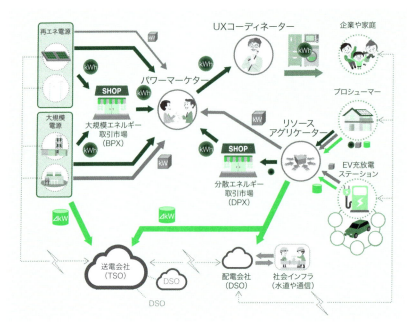

筆者作成

市場に価値を提供することが可能です。DERが提供するのはkWhのみですが、Sはすべての価値の供給源たりえます。

　プロシューマーの下に、EV充放電ステーションを描いています。シェア経済が進展して、電気自動車（EV）の運行は後から説明するリソースアグリゲーターが管理していると想定します。充放電両方ができれば、電力市場に多様な価値を提供することが可能です。

　送配電事業者は、TSO（送電系統運用者）とDSO（配電系統運用者）に階層化します。これまでは、上位の高電圧の系統から流れてくる電気を配ることだけを想定した配電網に、まずDERが接続して、電圧調整や混雑管理が複雑化します。これは今でもある問題で、柱上変圧器を増やすなどして対応していますが、2050年には、DERだけでなく大量のSも接続され、両者をスマートに活用することが可能になります。この結果、かつては設備保有者（DNO：

4 ネットワークと Utility3.0

Distribution Network Owner) の側面が強かった配電会社は、系統運用者
（DSO：Distribution System Operator）に変わっていきます。

　需要と同量の供給が常に求められる電気の特性（同時同量）は不変です。S
が市場に潤沢に存在するので、需要に合わせた発電ができないDERの大量導入
が可能になっています。IoTの普及で需要側のコントロールも高度に活用され
ているでしょう。同時同量の需給運用は、パワーマーケターとTSOが役割分担
します。パワーマーケターは、電気の取引単位（現在の日本の制度では30分）
ごとに、自らの卸顧客が必要とするkWhを調達する役目を負い、TSOは、30
分の時間の中で生じる変動をフォローして、各瞬間の同時同量を達成する役割
を負うと考えます。パワーマーケターは市場を通じてkWとkWhを確保し、
TSOは⊿kWを確保するとも言えます。

　リソースアグリゲーターは、需要側に分布している、小規模な価値提供源を
束ねてロットにし、必要なところに提供します。提供先は、TSOもパワーマー
ケターもありえますが、ローカルな配電網の電圧調整や混雑管理で、DSOを
サポートする役割が中心になると想定します。

　電力取引所も、取扱商品の規模で階層化してみました。すなわち、図中の大
規模エネルギー取引市場（BPX :Bulk Power Exchange）と分散エネルギー取
引市場（DPX :Distributed Power Exchange）です。現在の日本卸電力取引所
JEPXの最小の取引単位は1000kWhですが、一般家庭のSやDRからは、もっと
小さなロットのkWhが提供されると考えられるので、階層化が自然です。なお、
電力取引所は3つの価値の中では、専らkWhを取引する場所と考えます。

託送料金はどうあるべきか

　Utility3.0の世界では、電気料金はサービス料金に包含され、需要家からは
明確に見えなくなります。他方、多くの需要家は送配電ネットワークに接続さ
れ続けます。このネットワークの利用料金、すなわち託送料金は、誰に課金さ
れるのでしょうか。サービス事業者に課金される場合も、需要家に課金される
場合も、両方ありうると思います。

　では、託送料金の料金体系はどうあるべきでしょうか。この考察にあたって

第3章　ゲームチェンジ

は、人口減少と分散化の2つのメガトレンドの影響を考慮する必要があります。課金対象は、とりあえず需要家とします。また、ここでは、大きく次の2つの課題を取り上げます。

第1に、現在の託送料金の料金体系は、送配電事業の費用構造と整合していません。これは今でも存在する問題ですが、2つのメガトレンドによって、より顕著になります。

第2に、分散化によって、ネットワーク上のkWhの流れが、従来と変わります。今の託送料金の前提は、今のkWhの流れなので、これを見直す必要があります。上記について、順に説明していきます。まず1点目です。

表3は、東京電力パワーグリッドの託送料金表（2016年4月実施）です。年間最大需要（kW）に応じて課される基本料金と、送配電網を通じて受電した電力量（kWh）に応じて課される電力量料金からなる二部料金制が採用されています。

表3　東京電力パワーグリッドの託送料金

契約種別	標準的な供給電圧	単価		基本料金による費用回収の比率
低圧（電灯）	100V/200V	基本料金	210.60 円 /kW	21%
		電力量料金	7.31 円 /kWh	
高圧	6000V	基本料金	545.40 円 /kW	44%
		電力量料金	2.30 円 /kWh	
特別高圧	2万V以上	基本料金	372.60 円 /kW	42%
		電力量料金	1.27 円 /kWh	
			合計	32%

出所：同社の託送料金表を基に筆者作成、基本料金による費用回収の比率は、経済産業省（2016）
※2016年4月に実施した主なもの、消費税含む。

全体で、費用の32％を基本料金で、残りの68%を電力量料金で回収しています。他方で、託送料金原価の構成は、固定費83％、可変費2％、需要家費14%になります。また、固定費はおおむねkWに、可変費はkWhに比例します。

需要家費は、需要家の軒数に比例する原価で、計量や集金等の費用です。ここから、現在の料金体系では、kWの割に、kWhの消費が少ない需要家は、固定費の負担が少なくてすむと言えます。受益と負担の関係から言えば不公平ですが、結果的に社会的弱者にはメリットとなることから、これまで継続されてきました。

ところが、家庭用自家発電として太陽光発電（PV）が普及すると、この問題が先鋭化します。米国で先駆的に発生していますが、今後日本でもこの問題に直面するでしょう。人口減少による需要の減少に対して、後述の戦略的設備スリム化に失敗すると、さらに悪化します。

次頁の図32がそのイメージです。AもBも家庭用需要家とし、家庭内で使うkWhの量も使用パターンも同じとします。図32は、ある1日のkWhの使用パターンです。家庭用PV導入前は、系統から購入するkWhは同一量で、支払う託送料金も一緒です。Bのみ家庭用PVを導入したとします。Bが系統から購入するkWhは、グリーンのPVの発電量を自家消費した分、減少しますが、AもBも最大需要（kW）が発生するのはPVが発電しない夕方です。つまり、PV導入後も、AとBの最大需要は変わりません。需要家費も当然変わりません。これが意味するのは、PV導入後でも、AとBの固定費と需要家費の負担は同じであるべき、ということです。

しかし、現在の託送料金の体系では、固定費・需要家費は、費用の97%（＝83%＋14%）を占めているのに、基本料金での回収は、家庭用で21%に過ぎず、残りは電力量料金で回収しています。AとBの最大需要は同じなので、PV導入後もAとBは同額の基本料金を支払いますが、これでは、固定費・需要家費を同等に負担していることになりません。本来同額を負担すべき固定費・需要家費について、Bの方がAよりも負担が少なくなります。

とはいえ、Bが負担を免れた固定費・需要家費がなくなるわけではないので、Aを含む他の需要家が負担することになります。つまり、託送料金が値上がりします。託送料金が上がれば、PVの相対的な価格競争力が向上して、導入する家庭が増えます。すると、さらに託送料金が上がり、PV導入がさらに増えて……という負の連鎖に陥ります。これがデス・スパイラル問題です。

図32　PV設置需要家と非設置需要家の比較

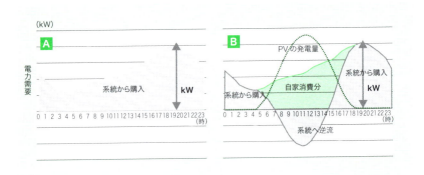

筆者作成

　今、デス・スパイラル問題が顕著に発生しているのは、米国です。米国では第2章3節で説明した、ネットメータリングを採用している州が多くあります。ネットメータリングが採用されると、デス・スパイラル問題はより悪化します。ネットメータリングとは、図32の右の「系統への逆流分」が小売電気料金と同じ値段で買い取ってもらえる（その内訳として、託送料金の電力量料金分も支払われる）ことなので、Bの託送料金支払額はさらに減少します。つまり、B以外の需要家の負担がさらに増えます。

　North Carolina Clean Energy Technology Center（2016）によると、この問題を緩和するため、米国各州で、家庭用電気料金の基本料金の値上げが申請されています。値上げの目的は、電力量料金で回収している固定費・需要家費の一部を基本料金にシフトすることです。2015年の1年間の実績で、30州、61の電力会社が申請を行いました。そのうち、2015年中に規制当局が結論を出した37件では、認可前の基本料金、申請した基本料金、認可後の基本料金の中央値がそれぞれ、月あたり9.00ドル、17.25ドル、10.85ドルでした。2倍近い基本料金値上げを申請に対し、10%強の値上げしか認められなかったことになります。2倍強の値上げ申請に無理があった可能性もありますが、10%強程度に抑制したことが果たして合理的だったのでしょうか。基本料金を値上げすると、社会的弱者に影響が及ぶ可能性があるので、政治的な抵抗が強かった

ことは容易に推測されます。

とはいえ、送配電事業は、可変費の割合がごくわずかなので、電力量課金は
ゼロにするのが合理的な姿です。つまり、全額基本料金で回収します。厳密に
は、kWあたりの課金で85％、口数あたりの課金で15％を回収するのが、原価
構成に忠実ですが、口数あたり課金は、日本ではあまり一般的ではないので、
kWに応じた課金一本でも十分でしょう。要は、スマホのパケット定額制のよ
うにすることです。

この改革により、デス・スパイラル問題が緩和あるいは解消されることが期
待されますが、経済学の理論から見ると、この改革は、需要家へのインセンテ
ィブを改善する意味合いがあります。

それは、次の３つの点においてです。

第１に、需要家のPV導入に対するインセンティブを是正します。需要家が
PVを導入しても、送配電網の固定費・需要家費は減りません。しかし、現在
の託送料金体系では、PVを導入すれば、送配電網の固定費・需要家費の負担
が減ります。これは、需要家に過大なPV導入へのインセンティブが与えられ
ていることになり、それが、デス・スパイラル問題を引き起こしています。

第２に、蓄電池など新たに普及したリソースを有効活用するインセンティブ
を改善します。Utility3.0の世界では、各家庭やEV動力の形で普及した蓄電池
の充放電を、ネットワークの最適運用のために活用することが期待されますが、
託送料金に電力量課金があると、充放電のたびに料金負担が生じ、これが有効
活用の妨げになりえます。本来、充放電を繰り返したとしても、TSO、DSO
に増分費用は発生しません（充放電ロスは生じますが、それを含めた最適化が
追求されるはずです）ので、電力量課金はなくすのが適当です。

第３に、社会的厚生を増やします。これは経済学の教科書的な議論ですが、
託送原価のほとんどが固定費・需要家費であるので、託送サービスの限界費用
はほぼゼロです。であれば、託送費用の回収は専ら基本料金によることとし、
従量課金は限界費用つまりゼロとすると、資源配分を改善します。

現在日本では、「送配電網の維持・運用費用の負担の在り方検討ワーキング・
グループ」が開催されており、託送費用の基本料金による回収率を上げる検討
が行われています。電気料金の値上がりとなってしまう需要家もいるので、一

足飛びに従量課金ゼロにするのは、政治的に難しいですが、少なくともその方向に動いているとは言えます。

2点目の課題、「分散化によって、ネットワーク上のkWhの流れ方が、従来と変わる」点に移ります。図33に、現在のkWhの流れ方を示しました。電力供給の中心はBERであり、BERの大半は基幹系統と呼ばれる、高電圧の送電線に接続されます。そこから、電圧を下げながら、それぞれの供給電圧の需要家に電力を供給しています。つまり、電気は高い電圧から低い電圧に向けてほぼ一方向に流れるのが、現在の実態であり、この前提で現在の託送料金は作られています。

図33　現在のネットワーク上のkWhの流れ

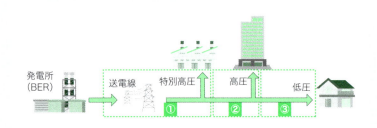

筆者作成

ここでは、需要家は、自分が受電する電圧よりも低い電圧の設備は使用しないので、費用も負担しない、という託送料金の作り方になります。特別高圧で受電する需要家は、特別高圧設備（①）の費用のみを負担します。高圧で受電する需要家は、①と高圧受電設備（②）の費用を負担します。低圧で受電する需要家は、①、②、低圧設備（③）の費用を負担します。したがって、託送料金のkWhあたり単価は、おおむね「特別高圧＜高圧＜低圧」の順になります。

しかし、「電気は高い電圧から低い電圧に向けて、ほぼ一方向に流れる」前提は、低圧にもDERなどが相当数接続する段階で必然性を失います。この場合、合理的なのは、受電電圧にかかわらず一律の託送料金とすることです。しかし、

4 ネットワークと Utility3.0

特別高圧受電の産業用需要家の電気料金が少なからず上昇することになるので、これも政治的に難しいプロセスになります。

人口減少の下での設備形成

Utility3.0の世界では、配電網を中心に設備形成のあり方も大きく変わると想定されます。

これまで、配電線は、

・各線路には専ら需要家が接続しているのみ

・需要はコントロールできない

・停電の社会コストは大きい

ことを前提に、各線路における最大需要を所与とし、それに見合った設備を作ってきました。また、高度経済成長期の需要の増加に追いつくべく大量に投資した設備が、今後更新期に入ります。

他方、日本は、人口減少局面にすでに入っています。国立社会保障・人口問題研究所「日本の将来推計人口」（2017年4月推計）における、出生中位仮定・死亡中位仮定の推計では、2050年に人口は今より20%程度減少して、約1億200万人になると見込んでいます。その結果、地方の過疎化が顕著に進むことが想定されます。国土交通省『国土のグランドデザイン2050（国土交通省、2014a）』では、国土を1km四方のメッシュに分割し、それぞれについて、2050年までの将来人口を推定し、興味深い結果を導き出しています。当該部分を引用します。

我が国は2008年をピークに人口減少局面に入った。合計特殊出生率は、ここ数年若干持ち直しているものの1.43と低水準であり、2050年には人口が1億人を割り込み、約9700万人になると推計されている[63]。また、これに伴って、人口の地域的な偏在が加速する。我が国の約38万km²の国土を縦横1kmのメッシュで分割すると、現在、そのうちの約18万メッシュ（約18万km²）に人が居住していることになるが、2050年には、このうちの6割の地域で人口が

135

第3章　ゲームチェンジ

図34　2010年を100とした2050年の人口増減状況（50%以上減少する地域、含む無居住化）

出所：国土交通省（2014b）

半減以下になり、さらにその1/3（全体の約2割）では人が住まなくなると推計される。民間機関からは、人口減少はさらに深刻であり、一部自治体が消滅するとの指摘もなされている。

　図34は、結果を図示したものです。50%以上人口が減少するメッシュをグリーンで示しています。
　雑な試算ですが、国土の相当部分のメッシュにおいて、電力需要が半分以下となる可能性があり、送配電設備が今と同様だとすると、単位（kWh）あたりの送配電費が倍増以上になることを意味します。これに、家庭用PVの普及等による需要減が相当なインパクトで加わります。このトレンドはすでに進行しています。

4 ネットワークとUtility3.0

　増加する需要にキャッチアップすることが主要命題であった、今までの送配電網の設備形成は、大きく世界が変わります。高度成長期に形成された設備を漫然と更新するのでは持続可能でないことは明らかで、じわじわと進行していく人口減少をフォローしながら、設備をスリム化していくかじ取りが求められます。一気に変化する場合よりも「じわじわと」した変化という方が対策は難しいのです。他方で、今までと違い需要はコントロールできないものではありません。需要サイドに普及した蓄電技術（S）やデマンドレスポンス（DR）が提供するkWや⊿kWを活用することができます。これらを有効に活用した「戦略的設備スリム化」が今後は可能になります。

　図35に簡単な例を示しました。段階的な需要の減少に伴い、右側の配電用変電所を撤去し、真ん中にあるスイッチを常時閉（通電）にして、左の変電所から右端まで供給することにしました。需要が減少する途中では、線路を流れる電流が大きくなり、今までの基準では太い電線に張り替えるところですが、ピーク時の需要をSやDRによって抑制し、太線化を回避します。また、線路が長くなるので、右端に行くと電圧が低下することがあり得ますが、これも右端近くのSから必要な時に放電を行うこと等で電圧を適性範囲に収めます。こうした供給側、需要側を一体として捉えれば、戦略的なスリム化が可能となります。

図35　戦略的設備スリム化の一例

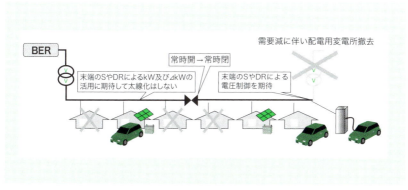

筆者作成

　このほか、今まで定期的に更新を行っていた変圧器、開閉器等の設備を、

第3章　ゲームチェンジ

IoT技術により設備の状態をきめ細かく監視し、使えるものは長く使うことも考えられます。設備の更新時期が来ても、近い将来需要減少によって撤去する可能性が高い設備は、更新せずに賢く使い続けることによって、投資を抑制することも考えられます。

過疎化はインフラ共通の問題

　人口減少は、電力インフラだけの問題ではありません。交通、上下水道、医療、ごみ処理等あらゆるサービスの持続性に係る問題です。厚生労働省が作成した『新水道ビジョン』（厚生労働省、2008）、日本政策投資銀行が作成した『我が国水道事業者の現状と課題』（日本政策投資銀行、2015）をもとに、日本の水道事業の現状と課題を抜粋してみます。

① 2012年度末現在、日本には地方公共団体が運営する水道事業が、2123存在する。[64]

② 水道料金は、水道法により、「能率経営の下における適正な原価に照らし公正妥当なものであること」が求められる。すなわち、総括原価主義を採用している。

③ 水道事業は、固定費が費用の大部分を占め、変動費（給水量に比例する費用）は5%程度。

④ 上記に関わらず、二部料金制度を採用し、従量料金で費用の7割程を回収している事業がほとんど。したがって、人口が減少して給水量が減れば、固定費回収が困難になる。

⑤ 逓増型の料金体系（使用水量が大きくなるにつれて、従量単価が高くなる料金体系）を採用している事業が67.1%ある。これは、水需要が右肩上がりで、水資源が不足していた時代に適応したものだが、水需要が減少局面に入ると、需要の減少以上の速さで収入が減少してしまう。

⑥ 上記は、使用水量が多い顧客の費用負担が過大であることを意味するので、企業による地下水源への切り替えが進んでいる（水道版デス・スパイラル問題とも言える）。

138

⑦ 以上に対応するため、逓増型料金の見直し、基本料金中心の料金体系への
シフトが課題となっている。顧客負担の激変を緩和しつつ進める必要がある。

⑧ 水道料金の地域格差は大きい。2013年4月1日現在の供給単価（水道料金収
入÷有取水量）で見ると、最も安い山梨県富士河口湖町の37円/m³から、
最も高い群馬県長野原町の539円/m³まで、14倍以上の格差がある。東京都
と政令指定都市に限定すると、最も安い浜松市127円/m³から、最も高い福
岡市の219円/m³まで、格差は1.7倍強になる。

⑨ 近年、少雨化、降雨量の大幅な変動（ゲリラ豪雨を含む）が見られるよう
になり、安定的な水源の確保、浄水処理負荷の増大、水道施設への被害等
への対応が課題となっている。

⑩ 高度経済成長期に敷設された管路の老朽化など、施設に経年劣化が問題に
なっている。これらの設備の多くが更新時期を迎えるが、その一方で、水
需要が減少局面に入ることから、スリム化を意識した施設の再構築、現有
設備の有効活用等が課題となっている。

⑪ 職員の高齢化が進んでいる。2012年度の実績で見ると、技術系職員で、50
歳以上の職員が40%近くを占める一方で、20歳代は10%に過ぎない。将来
の人員確保や技術継承が課題となっている。

⑫ 日本政策投資銀行（2015）の分析によると、給水人口がおおむね5万人を
割ると、水道事業は赤字になる。つまり、給水人口5万人が、独立採算を維
持するメルクマールになる。

　水道事業では、上記の諸々の課題に対応するため、事業の広域化が言われて
います。とはいえ、いきなりの事業統合もハードルが高いことから、厚生労働
省は、『水道ビジョン』（厚生労働省、2008）で、「事業統合」「経営の一体化」
「管理の一体化」「施設の共同化」をはじめ、『新水道ビジョン』（厚生労働省、
2013）では、「発展的広域化」といった多様な広域化の概念を打ち出して、水
道事業者の取り組みを促しています[65]。しかし、2013年に厚生労働省が行った
アンケートによると、1989年以降に実現した事業統合は17件、経営の一体化
は1件、施設の共同化は10件、広域化を検討中が24件と、取り組みが盛んとは
言い難く、広域化はまだ端緒についたばかりです。

第3章　ゲームチェンジ

　さて、上記の現状と課題は、電気事業、特に送配電事業と共通点が多いことがわかります。異なるのは、送配電事業者は全国に10社しかなく、水道事業よりも圧倒的に個社の規模が大きいこと、事業者間の料金格差がはるかに小さいことです（1.1倍程度）。ただし、これは過疎地の赤字を需要密度の高い地域が補てんすることにより成り立っています。今後、過疎地域が増加すると、都市部の補てんの負担はさらに重くなります。

　この内部補助の仕組みを維持するべきかどうかが、近い将来重い課題となるでしょう。国民経済を支えるのが都市部であって、その都市部の足を引っ張らないことが重要と考えるならば、送配電会社の託送料金は、今の原則エリア一律（ユニバーサルサービス）を見直して、エリアを細分化して、それぞれの地域に、それぞれの費用に見合った料金を適用することが適当です。

　その結果、現在、内部補助を受けている地域の託送料金は値上がりすることになるので、戦略的な設備スリム化、メンテナンスのスマート化等の取り組みを通じて、その影響を最小限に抑制していくことが必要でしょう。さらには、同じ課題を抱える他のインフラとの統合を進め、シナジーを追求していくことも考えられます。前述の水道事業は有力候補と考えられます。その場合、送配電事業は、基幹系統を運用するTSOと、ローカルな配電網を運用するDSOに分かれ、DSOが分割して、広域化した（とはいえ、TSOよりもカバーする地域が小さい）水道事業と統合することが考えられます。[66] メンテナンスのスマート化、計量・集金、顧客サービス、戦略的な設備スリム化等の分野で、シナジーが働くでしょう。さらに、水道だけでなく、同様の課題を抱える他のインフラサービスも取り込み、地方自治体の資金提供も受け入れて、第三セクターの地域密着型複合ユーティリティに発展することも考えられます。

　先に紹介した、『国土のグランドデザイン2050』（国土交通省、2014a）では、基本戦略の1つとして、「国土の細胞としての『小さな拠点』と、高次地方都市連合等の構築」を掲げています。その部分を引用します。

　行政や医療・福祉、商業等各種サービス業の効率性を高め、よりよいサービスを提供するため、コンパクトな拠点をネットワークで結ぶ地域構造を構築する。まず、サービス機能の集約化・高度化を進め、交通及び情報ネットワーク

で住民と結ぶとともに、その後、一定の時間軸の中で、誘導策等により居住地の集約化を進める。集落が散在する地域において、商店、診療所など日常生活に不可欠な施設や地域活動を行う場を、歩いて動ける範囲に集め、周辺地域とネットワークでつないだ「小さな拠点」を形成する。この「小さな拠点」は、一定のエリア内においてワンストップで複数の生活サービスを提供することにより、日常生活の「守りの砦」となって周辺の集落を一体的に支えていくだけでなく、道の駅等と連携して6次産業機能等を付加することにより、雇用を生み出す「攻めの砦」となることが期待される。「小さな拠点」は、いわば「国土の細胞」であり、この考え方は大都市郊外のいわゆる「オールドニュータウン問題」にも当てはまるものである（「小さな拠点」の形成は全国で5000カ所程度を想定）。さらに、ICTを活用した遠隔医療・遠隔教育の実施や、地方公共団体・物流事業者・コンビニ等と連携した配達サービスの確保等、「未来型小さな拠点」のための環境整備の検討を行う。

　日本の地方都市、あるいは郊外では、無秩序に散逸した居住地開発（スプロール化）が目立ちます。居住の密度が低いため、インフラの整備の効率も低く、今後は、人口が減少して密度がさらに下がり、さらに効率が落ちる悪循環に陥ります。国土交通省（2014a）は、こうした状況を回避するため、集約化・高度化によってインフラサービスの質を高め、そこに無秩序に開発された居住地を集約する誘導策を講じ、いわゆる「コンパクトシティ」を形成していく方向性を示しました。これは、2014年に成立した改正都市再生特別措置法の中で、「立地適正化計画」という名称で制度化されました。この制度は、都市計画法を中心とした従来の土地利用の計画に加え、居住機能や都市機能の誘導によりコンパクトシティ形成に向けた取り組みを推進するものです。

ユニバーサルサービスを疑うことから

　国土交通省によると、立地適正化計画の作成について、具体的な取り組みを行っている市町村は、2016年末現在で309団体です。しかし、この中で電力をはじめとするエネルギー供給インフラは、重要インフラであるにもかかわら

ず、あまりこれと言った取り組みがありません。それは、いわゆる省庁間の壁（国土交通省と経済産業省）もあるのでしょうが、そもそも託送料金が、ユニバーサルサービス、すなわち、過疎地も需要密集地と同じ料金で送配電網が利用できることがあると思われます。実際はコストがかかっているにもかかわらず、地域間で内部補助が行われているため、市町村側にコンパクト化・最適化に取り組むインセンティブが働かないのです。

　日本の送配電事業が、人口減少時代を賢く乗り切るためには、デジタル技術を駆使し、他のインフラサービスと融合した地域密着型複合ユーティリティを形成することが1つの解と考えますが、実現のためには、これまで電気事業の常識中の常識であった、ユニバーサルサービスを疑ってみることが、第一歩であると考えられます。公益事業が取り組むべき大義名分の1つであったユニバーサルサービスは、イノベーションに取り組むインセンティブを削ぐ面もあったのです。

あとがき

　本書が描き出した2050年のエネルギーの未来を、読者の皆さんはどのように感じられたでしょうか。筆者はここで述べた「5つのD」という変革ドライバーのいずれも、不可避的あるいは不可逆的に生じると考えています。しかし私たちの選択次第で、そこから導かれる未来の姿は大きく変わってしまいます。望ましい未来に向かっていくためには、これからの日本では、以下の3つの分野での業界の枠を超えた連携や融合が必要になるでしょう。

① エネルギーシステム
　望ましい未来では、分散型電源（DER）、分散型ストレージ（S）、大規模系統電源（BER）が、熱・運輸分野などのためのエネルギー需要を賄うために、融合して使われるようになります。その前提として、DERや蓄電池などの分散型デバイスを指数関数的普及の軌道に乗せなければなりません。
　フィナンシャル・タイムズの最近のコラム（2017年5月18日付）は分散型電源と電気自動車の爆発的普及を「ビッグ・グリーン・バン（The Big Green Bang）」と呼び、近年の著しい価格低下とともに、オイルメジャーなどの大手エネルギー企業が、この動きを「不可避的」「世界的な変革」「産業革命」であると見て、グリーン分野への投資に傾注していることを伝えています。一方、第2章3節で見たように、日本の太陽光発電の価格は欧米や中国・インドから見て5年遅れの水準にある上に、電気自動車の推進についても水をあけられつつあります。ビッグ・グリーン・バンで国際的な遅れをとらない政策や取り組みが求められます。
　また、分散型電源や電気自動車に搭載された蓄電池など、膨大な数のエネルギー・デバイスを、協調的に動作させるための技術や市場が極めて重要になっていきます。

② ライフライン

　第3章2節で述べたように、蓄電技術の指数関数的普及による運輸部門の電化を通じて、電力システムと運輸システムが、新たな社会システムとして融合していくことでしょう。大容量のバッテリーを搭載する電気自動車やドローンの移動は、エネルギーの移動と等価であり、物流とエネルギーの相互補完性は一層高まっていきます。

　また、第3章4節で述べたように、我が国で進む人口減少は、エネルギー・水道・道路など、ライフラインを支えるインフラ共通の問題となりつつあります。戦略的なスリム化とメンテナンスのスマート化に加えて、同じ課題を抱えるインフラ同士の連携を通じて、シナジーを追求していくことが必要になることでしょう。

③ データ・プラットフォーム

　IoTの進展により、すべてのデバイスは「スマホに何かを付けたもの（スマホ＋α）」となりつつあります。例えば、米国のテスラ・モーターズ社の電気自動車は、通常のクルマならリコールが必要な不具合にも、ネットを通じたソフトウェア・アップデートで対応することができ、もはやクルマというより「スマホに大容量バッテリーと駆動系を付けたもの」と表現した方がよい存在になっています。他のデバイスもすべて同じように考えることができるでしょう。そのように考えると、エネルギーシステム、ライフラインのいずれも、膨大な数のデバイスからのデータをクラウド上に集めて統合的に活用するデータ・プラットフォームを必要とすることになります。

　すなわちUtility3.0とは、エネルギー、インフラ、データという3つのプラットフォームで、業界の垣根を超えたプラットフォーム間融合が起きる世界であるとも定義できるのです。

　ここに述べた融合を進めるには、多くの関係者の参画を必要とします。本書をもとに新たな議論が誘発され、近いうちに本書の続編を企画する日が来ることを期待しています。

あとがき

　本書の締めくくりにあたって、100年以上の過去に遡ってみましょう。

　明治初期に物理学者・電気工学者として活躍し、電気学会を創設した志田林三郎（1855 ～ 1892）は、電気学会第一回通常総会記念演説（1888年5月）で、100年後の未来を予想してみせました。その内容は、物理学や電気工学の進歩によって、無線通信、長距離送電、電気鉄道、国際通話、映像・音声記録、遠隔画像伝送、地震予知・気象観測等が実現されているだろうという驚くべき精度の未来予測となっています。演説の一説に「我国日光山華厳の滝の勢力を東京に移しあるいは東京市街に電燈を点しあるいは馬車人力車等を運転せしむるの奇観を呈するもまさに遠きにあらざるべし」とあり、本書の主題の1つともなっている再生可能エネルギーによる運輸部門の電化も予言されていました。

　エジソンと同時代を生きた志田林三郎は、「電磁波によって情報やエネルギーを光の速さで遠隔地に伝送できる」という洞察から、このことを未来社会にどのように役立てるかというアイデアを巡らせたはずです。彼の予想は単なる予言というよりは、電磁気学に対する深い洞察から、これをもとに未来社会を変える数々の技術を発明していこうという後進への呼びかけだったのではないでしょうか。

　パーソナルコンピューターの父と呼ばれるアラン・ケイの言葉、「未来を予測する最良の方法は、それを発明することである」を信ずるならば、望ましい未来の実現は私たち自身の選択に委ねられているのです。

145

謝辞

　本書の着想は、筆者らの一部が所属する東京電力ホールディングスの経営技術戦略研究所（TRI:TEPCO Research Institute）で、2050年のエネルギー事業の姿を予想するための議論を始める中で生まれたものです。同社の西山圭太取締役には、このような議論を社内にとどめず、社外の関係者とも議論して、できるだけ早く出版して世に問うことを勧められました。所属や専門分野の異なる4名が集まり、タブーなくフランクにエネルギーの未来について議論することを半年ほど続け、その内容を本書にまとめることができました。

　本書の執筆にあたり、以下の方から大変貴重なコメントを頂戴しました。

日本大学経済学部　手塚広一郎教授
地球環境産業技術研究機構（RITE）システム研究グループグループリーダー
秋元圭吾氏
東京電力ホールディングス　穴山悌三氏

　また、以下の方々にもご協力をいただきました。東京電力ホールディングス経営技術戦略研究所（TRI）麻生雅美氏、今田浩太郎氏、大久保信明氏、香田潤氏、篠田幸男氏、鈴木康嗣氏、平野篤氏、矢田部隆志氏
アクセンチュア　程近智氏、赤羽陽一郎氏、高坂麻衣氏

　ここに厚く御礼を申し上げます。

　なお、本書には筆者らの所属するアクセンチュア、東京電力ホールディングスの検討結果を活用していますが、本書に示した見解はあくまで個々人のものであり、所属する組織のものではないことはご了解ください。

2017年8月

　　　　　　　　　　　　　　　　　　　　　　　　　　　筆者一同

注

第1章　電力の未来を読み解く
2　エネルギー産業の2050年──理解しておくべきポイント

1　プロシューマーとは、未来学者アルビン・トフラーが1980年に発表した著書『第三の波』の中で示した概念で、生産者 (producer) と消費者 (consumer) とを組み合わせた造語。生産活動を行う消費者のことを指す。

第2章　世の中のあり方が変わった
1　Depopulation──人口減少

2　実際には世帯数や生活態様などさまざまな変化要素があるが、そうしたすべての要素の変動を正確に見通すことは不可能なので、本書ではシンプルに3要素に分解した。

2　Decarbonization──脱炭素化

3　CCS: Carbon Dioxide Capture and Storageの略。火力発電所から排出されるCO_2を分離回収して地中等に貯留する技術。

4　BECCS：Bioenergy with CCSの略。バイオエネルギーとCCSを組み合わせることで、大気中のCO_2を除去することが可能になる。

3　Decentralization──分散化

5　ある生産量から1単位生産を増やしたときに余計にかかる増分費用のこと。生産設備を所与とした場合を短期限界費用、生産設備も自由に変化する場合を長期限界費用というが、本書では特に断らない限り、限界費用は短期限界費用の意味で用いる。発電事業の場合、限界費用、すなわち短期限界費用は、発電設備が所与(どうせあるもの)となるので、1単位(1kWh) 生産を増やしたときに余計にかかる増分費用は、おおむね1kWhの発電に必要な燃料費に相当する。

6　一般社団法人太陽光発電協会のホームページによる。http://www.jpea.gr.jp/knowledge/whynow/index.html (閲覧日：2016年12月30日)

7　人類が抱える大きな課題を解決するための革新的なアイデアや技術の開発を、世界規模の賞金付きコンテストを開催することによって支援する非営利組織。民間による最初の有人弾道宇宙飛行や月面無人探査を競うコンテスト、ゲノムの解読の速さやコストを競うコンテスト等を実施。

8　脳科学者で発明家のレイ・カーツワイル氏とピーター・ディアマンディス氏が発起人となり「指数関数的に進歩する技術の全体像を学べる場所」として設立された公益企業(ベネフィット・コーポレーション)。技術革新をテコに食糧、エネルギーなど世界的な難題解決に挑む人材を育てることをミッションとする。

9　シンギュラリティ大学の専務理事であるサリム・イスマエル氏の著作(共著)である『シンギュラリティ大学が教える飛躍する方法』(イスマエルほか、2015)では、指数関数的に成長する

注

技術を直線的成長と想定する失敗を、多くの一流企業が経験していると指摘している。ちなみに、同著作では、この現象を「イリジウム現象」と呼んでいる。イリジウムとは、携帯電話の基地局コストの劇的な低下を想定できずに失敗した、人工衛星システムを活用した通信サービスプロジェクトの名称である。

10 ロバート・メトカーフ。米国の電気工学者で、メトカーフの法則(ネットワーク通信の価値は、接続されているシステムのユーザー数の二乗に比例する)でも有名。

11 ITCは主としてPV(総投資額の30%を法人税から控除)、PTCは主として風力発電(1kWhの発電について2.3セント/kWhが税額控除)を対象。

12 国が定めた制度ではないが、日本の電力会社は1992年から2009年まで、家庭用PVの余剰電力を小売電気料金と同等の単価で買い取ることを自主的に行っていた。これも一種のネットメータリングと言える。

13 目標値は、米国の平均的な気象条件の下でのLCOEで代表させており、地域によって幅がある。メガソーラーの目標値3セント/kWhは、2-4セント/kWhの幅になる。

14 2017年度の累計導入実績は2016年8月末現在の実績(約3500万kW)を用いた。

15 日本でFITが施行されたのは2012年7月だが、例えばドイツでは、10kW以上のPVに適用される買取価格は、2014年4月の段階で13.50 ～ 18.50ユーロセント/kWhまで低下していた(東京海上日動リスクコンサルティング、2014)。

16 この状況を受けて政府は、日本のPVが高コストである原因を分析し、コスト低減目標を設定した。目標は、非住宅用PVのシステム価格を、2020年に20万円/kW(LCOEで14円/kWh相当)、2030年に10万円/kW(LCOEで7円/kWh相当)にするというもの(太陽光発電競争力強化研究会、2016)。

17 バッテリーパックの値段。インバーターは含まない。

18 ただし、BERのシェアが低下すると、同期発電機が持つ慣性エネルギーが系統全体で不足し、周波数が不安定になりやすい課題がある。詳細は、Ulbig(2014)などを参照。

19 カーボンプライスは、排出量取引や炭素税が代表的であるが、省エネ法等の規制や企業の自主行動計画の目標も広い意味でカーボンプライスで、「暗示的な」カーボンプライスと呼ばれる（排出量取引や炭素税は、「明示的な」カーボンプライスである）。

4　Deregulation——自由化

20 電気、ガス、通信、航空などの産業は総費用に占める固定費の割合が大きく、事業規模が大きくなるほど、単位あたりのコストが減少するという特徴がある。これを規模の経済性という。また、技術的・経済的な理由から、制度などの人為的な要因によらず、自然に独占が発生してしまう性質を自然独占性と言う。規模の経済性は、自然独占性の根拠の1つである。自然独占性があるということは、複数の企業が市場を分け合うよりも、1つの企業が需要を独占した方が、効率的に供給できることを意味するので、地域独占の根拠となる。

21 再生可能エネルギーを使う、再生可能エネルギーを支援するといった価値は、CO₂クレジット等の形で消費者に提供することが可能なので、電力システム改革が必須なわけではない。

22 安定した電力供給(供給信頼度)の概念は、アデカシー (adequacy)とセキュリティ (security)に大別される。アデカシーは、需要家が要求する電力を発電・送電する能力が、設備の計画

外停止及び運用上の制約を考慮した上で充足されている度合いを示す概念で、静的信頼度とも呼ばれる。一方、セキュリティは、事故などに対してその影響の波及・拡大を抑制する能力のことで、動的信頼度とも呼ばれる。

23 ここでは、電力小売自由化が開始された時を指す。

24 日本でいう計画停電は、海外では、地域を区切って順番に停電させるという意味の輪番停電 (rolling blackout)という呼び方が一般的だが、本書では計画停電の呼称で統一する。

25 海外電力調査会(2016)によると、米国における電力システム改革(小売自由化)の実施情況は、①全面自由化が実施されている13州及びワシントンDC、②部分自由化が実施されている 6 州、③一旦自由化したが廃止または中断した5州であり、改革を実施している州は半数以下である。

26 停電の社会的費用は非常に大きいので、地域独占体制の下では、電力会社も政府も、停電が起こったときの批判を恐れて設備を多めに確保しがち、あるいは多めに確保するよう促しがちであったと推測される。

27 構造的な発送電分離の類型は次の3種類である。①法的分離：送配電会社を発電・小売会社とは別の会社に分離(両社の資本関係は容認)。②機能分離：送配電設備の運用と電力システム全体の需給運用(周波数調整)の機能を新たに設置する独立系統運用者(ISO)に分離。ISOと分離前の電力会社の資本関係は認めない。③資本分離：送配電会社を発電・小売会社とは別の会社に分離し、資本関係も断つ。

28 一般電気事業者の廃止は、2016年4月に実施。送配電事業の法的分離(一般送配電事業による発電・小売事業の兼業を禁止)は2020年実施の予定。

第3章　ゲームチェンジ
1　エネルギー小売業界の変革

29 ロボアドバイザーとは、個々の消費者に最適な資産運用のアドバイスを安価に提供してくれる情報技術を駆使した金融サービス。

30 パナソニックが公表している定電流連続放電時の持続時間を参考に、アルカリ単三乾電池の価格を1本30円と想定して試算。http://jpn.faq.panasonic.com/app/answers/detail/a_id/29060/~/%5B%EF%BD%B1%EF%BE%99%EF%BD%B6%EF%BE%98%EF%BD%A5%EF%BE%8F%EF%BE%9D%EF%BD%B6%EF%

31 M2M=Machine to Machien(マシーン・ツー・マシーン)の略。機械同士が人間を介さずに直接コミュニケーションをとるようになる技術、システムを言う。

2　「限界効用ゼロ」時代の発電ビジネス

32 電気以外には、通信ネットワークの容量、ホテルの部屋、飛行機の座席等が「①貯蔵が難しいこと」に該当するが、その中で「②需給のバランスが崩れた時の社会的影響が大きいこと」に該当する財はない。①と②を併せ持つことが、電気固有の特質と考えられる。

33 この節では、BERを自然変動電源であるDERの対義語として用いる。つまり、DERは発電設備のアデカシーにほとんど貢献しないのに対して、大規模でなくてもアデカシー確保に貢献する電源を、BERと呼ぶ。

注

34 正確に言うと、貯蔵が難しいだけが理由でない可能性もある。貯蔵が難しい財として先に例示した、ホテルの部屋や飛行機の座席も、後から売ることはできない。そして、直前まで空いていたホテルの部屋の限界費用は、ルームメイクのための(おそらくは1時間にも満たない)人件費、アメニティグッズ代、光熱費くらいであろう。同じく直前まで空いていた飛行機の座席の限界費用も、機内での飲食物と燃料のわずかな増分費用くらいであろう。これらが、例えば「空気を運ぶよりはまし」だからと、ディスカウントされることはあるが、限界費用までディスカウントされることはないであろうし、経済学者がそうすべきと主張するのも聞いたことがない。ホテルも飛行機も電気ほど同質性の強い財でないことが原因と思われる。

35 ミッシングマネー問題は、図18のBER5、BER6のようなピーク電源に顕著に現れるが、理論上はミドル電源、ベース電源でも発生する可能性がある。図18のBER1 〜 BER 4は固定費回収の原資を得ているが、年間を通じて十分な原資が得られなければ、ここでもミッシングマネー問題は発生する。詳しくは山本・戸田(2013)を参照。

36 設備率が低くなると、供給信頼度が低下するが、供給信頼度は公共財的な性格を持つので、個々の投資家に信頼度低下を防止する費用を自ら負担するインセンティブはない。

37 図21のデュレーションカーブの作成方法は次の通り。いずれも2013年度の実績をもとに作成した。グリーンの破線のカーブは、1年8760時間分の電力需要を値の大きい順に並べたもの。黒い実線及びのグレーの破線のカーブは、1年8760時間分の残余電力需要(＝電力需要－DERの発電量(10%、20%、30%))を大きい順に並べたもの。したがって、個々のカーブの間で時間帯の並びは異なる。例えば、グリーンのカーブの1000時間目と黒のカーブの1000時間目の時刻は一致しない。また、残余電力需要の最大値の発生時刻は、DERのシェアが10%の段階で、すでに夕方に移っている。つまり、この段階でBERの必要量を減らす効果はなくなっている。

38 DERはシェアが増えるほど、燃料費の安い電源を代替するようになるが、これは、DERが自ら発電量を増やすほどに、発電したkWhの価値を落としているとも言える。これを共食い効果という。朝野（2016）は、欧州の先行研究を参考に共食い効果の推定を試みている。その結果、DERが1GWh追加されると、卸電力価格はドイツで0.6 〜 0.9ユーロ/MWh、スペインで1.7 〜 3ユーロ/MWh下落すること、日本ではDERが約7300万kW導入されると、ピーク時間帯・端境期ともに2円/kWh程度、kWhの価値が低下すること、を明らかにしている。

39 アンシラリーとは、英語で「補助的な」「付属の」という意味。電気事業でアンシラリーサービスと言うと、電力品質を維持するために必要なサービス全般を指す。

40 容量メカニズムの制度設計上の課題については、電力改革研究会(2014)を参照。

41 カリフォルニアISOは、BER等が、実運用の段階で調整を行ったパフォーマンスを計測・評価するアンシラリーサービス制度を先駆的に導入している。詳しくは電力改革研究会(2016) を参照。

3 原子力に未来はあるか？

42 過去のトレンドの延長である現行政策シナリオと、2℃目標を達成する確率が高いシナリオとをつなぐような、新たな政策に基づくシナリオ。

43 我が国で電源ごとの均等化発電原価を試算するにあたっては、40年70％の稼働率を前提とした(コスト等検証委員会、2015)。なお、米国や韓国など諸外国では90％を超える稼働率を 維

持している。(2015年の米国内の原子力発電所の稼働率は過去最高となる91.9%を記録している。http://www.gadgetwear.net/2016/01/2015919.html)

44 蒸気をタービン側に送る前にバイパスすることで電気出力を数秒単位で調整することが可能とされている。(NuScale Power社HP)

45 米国では、原子炉設計を原子炉許認可と切り離して承認する設計認証(DC)が導入されている。

46 米国では、建設許可と運転許可を一括で発給することで、建設後の運転開始の遅延を回避する建設運転一括許認可(COL)が導入されている。

47 欧米では近年、工期遅延による原子力発電所建設コストの増加が著しく、例えばフランスのフラマンヴィル3号機は2005年時点では総工費33億ユーロで2012年の完工を目指していたが、15年ぶりの新増設であることやEPRという新しいタイプの原子炉であったことから土木工事の規模を再評価したこと、設計変更や規制強化の対応などで、2018年の完工までに要する工費は当初の3倍以上の約105億ユーロにまで増加すると見積もられている。

48 負荷追従運転とは、需給の変動に応じて出力を調整する運転のこと。原子力も負荷追従運転をすることは技術的には可能であるが、運転が不安定になるのではないかとの不安による反対等もあって、認められていないケースが多い。

49 会計検査院「東京電力株式会社に係る原子力損害の賠償に関する国の支援等の実施状況に関する会計検査の結果についての報告書」(要旨)http://www.jbaudit.go.jp/pr/kensa/result/25/pdf/251016_youshi_1.pdf

50 東京電力は被害者に対する補償対応のために最大約1万人の社員(関係会社社員含む)を投入していた。

51 https://energy.gov/sites/prod/files/ntdroadmapvolume1.pdf
https://energy.gov/sites/prod/files/Presentation%20-%202010%20Program%20Overview%20-%20Presentation%20to%20the%20NEAC.pdf

52 Energy Policy Act of 2005
https://www.gpo.gov/fdsys/pkg/PLAW-109publ58/html/PLAW-109publ58.htm

53 http://neinuclearnotes.blogspot.co.id/2013/03/the-clear-case-for-cwip-rebuttal-to.html

54 2011年3月17日 オバマ大統領声明よりhttps://www.whitehouse.gov/blog/2011/03/17/president-obama-we-will-stand-people- japan

55 RepublicanPlatform2016(選挙向けの政策綱領)第3章

56 一般財団法人高度情報科学技術研究機構ホームページhttp://www.rist.or.jp/atomica/data/dat_detail.php?Title_No=14-05-01-02

57 "Meeting the Energy Challenge A White Paper on Nuclear Power January 2008" https://www.gov.uk/government/uploads/system/uploads/attachment_data/file/228944/7296.pdf

58 http://www.legislation.gov.uk/ukpga/2008/32/part/3/chapter/1

59 https://www.gov.uk/government/uploads/system/uploads/attachment_data/file/48129/2176-emr-white-paper.pdf

60 http://www.meti.go.jp/committee/sougouenergy/denkijigyou/genshiryoku/005_haifu.html

4 ネットワークとUtility3.0

61 TSOが需給運用をすべて行う選択肢もある。

62 自由化を行っていない州も含めた文献のため、託送料金でなく、家庭用電気料金の基本料金の値上げ申請として整理している。

63 この記載は、2012年1月の「日本の将来推計人口」に基づく。つまり、最新のものではない。

64 水道事業は、水道法により、原則として市町村が経営するものと定められており、給水人口が5000人以下の簡易水道を除き、地方公営企業として独立採算を前提に経営することが求められている(地方公営企業法、地方財政法)。

65 それぞれの概念の定義については、紙幅の都合でここには記載しない。各文献を参照されたい。

66 他方、TSOは、日本の場合、一般送配電事業者として10社存在するが、統合し、広域化することにメリットがある。

67 国土交通省のホームページによる。http://www.mlit.go.jp/toshi/city_plan/toshi_city_plan_fr_000051.html(閲覧日：2017年3月8日)

参考文献

第1章　電力の未来を読み解く
IPCC(2014), Fifth Assessment Report (AR5), https://www.ipcc.ch/report/ar5/

国立社会保障・人口問題研究所『日本の将来推計人口』(平成29年推計) http://www.ipss. go.jp/pp-zenkoku/j/zenkoku2017/pp_zenkoku2017.asp

日本創生会議人口減少問題検討分科会報告(2014年5月)

PwC Japan(2016)「2050年の世界：世界の経済力のシフトは続くのか？」

第2章　世の中のあり方が変わった
1　Depopulation──人口減少
国立社会保障・人口問題研究所(2017)『日本の将来推計人口』(平成29年推計)

資源エネルギー庁(2005)『平成16年度エネルギーに関する年次報告(エネルギー白書)』http://www.enecho.meti.go.jp/about/whitepaper/2005html/1-3-6.html

内閣府(2013)『平成25年度年次経済財政報告』第3章p.366-378「電力インフラの現状と課題」http://www5.cao.go.jp/j-j/wp/wp-je13/index_pdf.html

増田寛也(2014)『地方消滅：東京一極集中が招く人口急減』中公新書

2　Decarbonization──脱炭素化
IPCC (前掲)

茅陽一(2016)『ゼロエミッション社会への道』公益財団法人地球環境産業技術研究機構 平成27年度 ALPS 国際シンポジウム基調講演http://www.rite.or.jp/system/events/Kaya_ALPSII_2016.pdf

環境省(2014)『平成26年度2050年再生可能エネルギー等分散型エネルギー普及可能性検証検討委託業務報告書』http://www.env.go.jp/earth/report/h27-01/

東京電力ホールディングス株式会社 経営技術戦略研究所(2017)『脱炭素化に向けた2050年のエネルギーバランスのケーススタディ』(未定稿)

3　Decentralization──分散化
A.Ulbig etal. (2014), Impact of Low Rotational Inertia on Power System Stability and Operation, IFAC Proceedings Volumes 47 (3), 7290-7297

BNEF(Bloomberg New Energy Finance)(2016), 2016 lithium-ion battery price survey

DOE(Department of Energy)(2016), The SunShot Initiative's 2030 Goal：3¢ per Kilowatt Hour for Solar Electricity, SunShot 2030 White Paper https://energy.gov/sites/prod/files/2016/12/f34/SunShot%202030%20Fact%20Sheet-12_16.pdf

環境省(2009)『低炭素社会構築に向けた再生可能エネルギー普及方策について(提言)』https://www.env.go.jp/earth/ondanka/mlt_roadmap/comm/com05_h20a.html

参考文献

環境省(2014)『平成26年度2050年再生可能エネルギー等分散型エネルギー普及可能性検証検討委託業務報告書』参考資料4 http://www.env.go.jp/earth/report/h27-01/ref04_3.pdf

経済産業省(2015)『長期エネルギー需給見通し』http://www.meti.go.jp/pre ss/2015/07/20150716004/20150716004_2.pdf

サリム・イスマイル、マイケル・S・マローン、ユーリ・ファン・ギースト(2015)『シンギュラリティ大学が教える飛躍する方法』小林啓倫訳、日経BP社

ジェレミー・リフキン(2015)『限界費用ゼロ社会 ＜モノのインターネット＞と共有型経済の台頭』柴田裕之訳、NHK出版

新エネルギー・産業技術総合開発機構(NEDO)(2009)『太陽光発電ロードマップ(PV+30)報告書』http://www.nedo.go.jp/content/100080327.pdf

東京海上日動リスクコンサルティング(2014)『諸外国の再生可能エネルギー政策の調査成果報告書』

戸田直樹(2016)『大型炭素税導入を考える・上/下』http://www.gepr.org/ja/contents/20161228-01/
http://www.gepr.org/ja/contents/20161228-02/

ピーター・H・ディアマンディス、スティーヴン・コトラー(2014)『楽観主義者の未来予測：テクノロジーの爆発的進化が世界を豊かにする 上・下』熊谷玲美訳、早川書房

ボストンコンサルティンググループ(2017)『ブロックチェーンの経営戦略』https:// www.bcg.com/ja-jp/perspectives/150688

4 Deregulation──自由化

IEA(International Energy Agency)(2016)『電力市場のリパワリング：低炭素電力システムへの移行期における市場設計と規制』荻本和彦、岡本浩、戸田直樹ほか訳

海外電力調査会(2016)『海外電力』2016年2月号「米国電気事業の最近の 動向～トリレンマへの挑戦－低炭素化、自由化、エネルギー供給保障」

経済産業省(2003)『今後の望ましい電気事業制度の骨格について』総合資源エネルギー調査会電気事業分科会報告
http://www.enecho.meti.go.jp/category/electricity_and_gas/electric/summary/pdf/tousin.pdf

経済産業省(2011)『電力システム改革タスクフォース「論点整理」』http://www.meti.go.jp/committee/kenkyukai/energy/denryoku_system/007_giji.html

澤昭裕(2012)『一ツ橋ビジネスレビュー』2012年春号「電力システム改革 小売サービス多様化モデル」特集リアルに考える原発のたたみ方特集論文-5

電力システム改革専門委員会(2013)『電力システム改革専門委員会報告書』http://www.meti.go.jp/committee/sougouenergy/sougou/denryoku_system_kaikaku/pdf/report_002_01.pdf

戸田直樹(2016)『電気評論』2016年4月号「東京電力の自由化への取り組み －ホールディングカンパニー制移行を中心に－」

日本エネルギー経済研究所(2013)『諸外国における電力自由化等による電気料金への影響調査』平成24年度電源立地推進調整等事業

155

http://www.meti.go.jp/meti_lib/report/2013fy/E003213.pdf

第3章　ゲームチェンジ
1　エネルギー小売業界の変革
Higgins, S.(2016), Visa Europe Partners forBitcoin Micropayments Trial, Retrieved from Coindesk (July 26,2016) http://www.coindesk.com/visa-europe-bitcoin-micropayments

IBM(2015), Empowering theedge Practical insights onadecentralized Internet ofThings,Retrieved from IBM. https://www-935.ibm.com/services/multimedia/GBE03662USEN.pdf

ビットバンク株式会社＆『ブロックチェーンの衝撃』編集委員会(2016)『ブロックチェーンの衝撃』山崎大輔「ビットコインの技術が及ぼす様々なビジネスへの影響」日経ＢＰ社

2　「限界費用ゼロ」時代の発電ビジネス
朝野賢司、岡田健司、永井雄宇、丸山真弘(2016)『欧州における再生可能エネルギー普及政策と電力市場統合に関する動向と課題』電力中央研究所報告 http://criepi.denken.or.jp/jp/kenkikaku/report/detail/Y15022.html

環境省(2014)『平成26年度2050年再生可能エネルギー等分散型エネルギー普及可能性検証検討委託業務報告書』http://www.env.go.jp/earth/report/h27-01/

経済産業省（2015)『長期エネルギー需要見通し小委員会に対する発電コスト等の検証に関する報告』
http://www.enecho.meti.go.jp/committee/council/basic_policy_subcommittee/mitoshi/009/pdf/009_06.pdf

篠田幸男(2017)『スマートグリッド2017年1月号』「電気自動車へのこれまでの取組と将来への期待」大河出版

電力改革研究会(2014)『ミッシングマネー問題と容量メカニズム(第3回)容量メカニズムの制度設計に向けて』http://ieei.or.jp/2014/02/special201204039/

電力改革研究会(2016)『電源のパフォーマンスを評価するアンシラリーサービス制度米カリフォルニア州の取り組み』http://ieei.or.jp/2016/08/special201204060/

電力改革研究会(2017)『容量メカニズムの必要性と必然性』http://ieei.or.jp/2017/07/special201204062

山本隆三、戸田直樹(2013)『電力市場が電力不足を招く、missing money問題(固定費回収不足問題)にどう取り組むか』IEEI Discussion Paper 2013-001 http://ieei.or.jp/wp-content/uploads/2013/06/d2e9352aad12ee87f884085d7390c506.pdf

3　原子力に未来はあるか？
IEA(2016)"World Energy Outlook 2016"

一般社団法人日本保全学会 運転期間40年制限問題検討分科会「我国の原子力発電所の運転 期間40年制限に関する規制 上の課題と提言」http://jsm.or.jp/jsm/images/at/sll/sll-2.pdf

澤昭裕(2013)「新たな原子力損害賠償制度の構築に向けて」21世紀政策研究所http://www.21ppi.org/pdf/thesis/131114_01.pdf

参考文献

澤昭裕、竹内純子(2013)「原子力事業環境・体制整備に向けて」21世紀政策研究所http://
　　www.21ppi.org/pdf/thesis/131114_02.pdf
マサチューセッツ工科大学、東京工業大学ほか「低炭素電力システムにおける原子力と再生可能
　　エネルギーの共生を考える－系統安定性、経済性及び自由化の観点から－」日本原子力学会
　　誌vol58,No6,2016
電気事業連合会HP「米国における原子力発電所の高経年化対策への取り組み」http://www.fepc.
　　or.jp/library/kaigai/kaigai_kaisetsu/1222324_4141.html

4　ネットワークとUtility3.0

North Carolina Clean Energy Technology Center(2016), The 50 States of Solar 2015 Policy
　　Review Q4 Quarterly Report, https://nccleantech.ncsu.edu/wp-content/uploads/50sosQ4-
　　FINAL.pdf
経済産業省(2016)『第1回 送配電網の維持・運用費用の 負担の在り方検討WG 事務局提出資料』
　　http://www.emsc.meti.go.jp/activity/emsc_network/pdf/001_03_00.pdf
厚生労働省(2008)『水道ビジョン』http://www.mhlw.go.jp/shingi/2008/12/dl/s1216-6h.pdf
厚生労働省(2013)『新水道ビジョン』http://www.mhlw.go.jp/seisakunitsuite/bunya/topics/
　　bukyoku/kenkou/suido/newvision/1_0_suidou_newvision.htm
国土交通省(2014a)『国土のグランドデザイン2050 〜対流促進型国土の形成〜』http://www.
　　mlit.go.jp/common/001047113.pdf
国土交通省(2014b)『国土のグランドデザイン2050参考資料』http://www.mlit.go.jp/
　　common/001050896.pdf
日本政策投資銀行(2015)『我が国水道事業者の現状と課題［最終報告］』http://www.dbj.jp/
　　investigate/etc/index.html

編著者紹介

竹内純子 Sumiko Takeuchi

NPO法人国際環境経済研究所 理事・主席研究員／筑波大学客員教授

1994年慶応義塾大学法学部法律学科卒業後、東京電力入社。尾瀬の自然保護や地球温暖化など主に環境部門を経験。2012年より現職。政府委員も多く務め、エネルギー・環境政策に幅広く提言活動を行う。本書出版を機に2018年10月U3イノベーションズ合同会社設立、同社共同創業者・代表取締役。Utility3.0の世界の実現を目指す。主な著書に『誤解だらけの電力問題』（ウェッジ）『原発は"安全"か──たった一人の福島事故報告書』（小学館）。

著者紹介

伊藤剛 Takeshi Ito

アクセンチュア戦略コンサルティング本部 素材・エネルギーグループ
統括マネジング・ディレクター

2000年東京大学法学部卒業後、大手シンクタンクを経て2012年アクセンチュア入社。主に制度設計、企業・事業戦略、組織設計、マーケティング・営業戦略、新規事業立案等の領域で経験を積む。2018年10月よりU3イノベーションズ共同創業者・代表取締役。

岡本浩 Hiroshi Okamoto

東京電力パワーグリッド 取締役副社長

1993年東京大学大学院工学系研究科電気工学専攻博士課程修了後、東京電力（現東京電力ホールディングス）入社。2015年より同社常務執行役経営技術戦略研究所長。2017年より現職。

戸田直樹 Naoki Toda

東京電力ホールディングス 経営技術戦略研究所
経営戦略調査室チーフエコノミスト

1985年東京大学工学部卒業後、東京電力（現東京電力ホールディングス）入社。2009年電力中央研究所社会経済研究所派遣（上席研究員）。2015年同社経営技術戦略研究所経営戦略調査室長。2016年より現職。

エネルギー産業の2050年
Utility3.0 へのゲームチェンジ

2017 年 9 月 1 日　1 版 1 刷
2020 年 6 月 17 日　　　10 刷

編著者　竹内純子
著　者　伊藤剛、岡本浩、戸田直樹
© Accenture Global Solutions Limited 2017

発行者　白石　賢
発　行　日経 BP
　　　　日本経済新聞出版本部
発　売　日経 BP マーケティング
〒 105-8308　東京都港区虎ノ門 4-3-12

装幀　岩瀬聡
本文組版　アーティザンカンパニー株式会社
印刷・製本　中央精版印刷株式会社

Printed in Japan　ISBN978-4-532-32170-3

本書の無断複写・複製（コピー等）は著作権法上の例外を除き、禁じられています。
購入者以外の第三者による電子データ化および電子書籍化は、
私的使用を含め一切認められておりません。
本書籍に関するお問い合わせ、ご連絡は下記にて承ります。
https://nkbp.jp/booksQA